LE FAUCON PÈLERIN

LE FAUCON PÈLERIN

Glenway Wescott

TRADUIT DE L'ANGLAIS (ÉTATS-UNIS) PAR ISABELLE CHAPMAN

C
am
bou
rakis

Ce texte a paru initialement
aux éditions Calmann-Lévy en 1997.

Titre original :
The Pilgrim Hawk: a Love Story

Pour Nelson
De mars à juillet 1940;
Stone-Blossom et New York

Les Cullen étaient irlandais ; mais c'est en France que je les ai rencontrés et que j'ai pu me faire une idée de leur amour et de leur problème. Ils étaient en route pour la Hongrie, où ils avaient loué une propriété ; et ils étaient venus un après-midi à Chancellet rendre visite à ma grande amie Alexandra Henry. C'était en mai 1928 ou 1929, avant que nous retournions tous en Amérique, où elle devait rencontrer mon frère et l'épouser.

Il va sans dire que les années 20 furent très différentes des années 30, et voilà que les années 40 ont commencé. Dans les années 20, il n'était pas rare de croiser des étrangers dans des pays aussi lointains pour eux que pour vous, vos pérégrinations se trouvant croiser les leurs ; et vous faisiez tout votre possible pour les connaître en l'espace d'un après-midi ou presque ; allant parfois jusqu'à qualifier ces petites connexions fulgurantes d'amitié. Nous étions alors animés – c'était dans l'air du temps – d'une curiosité nourrie d'idéalisme ou d'optimisme. Nous nous penchions sur les singularités du caractère, et sur ces états de guerre et de paix qui alternent dans la psyché, comme s'ils étaient du plus grand intérêt, sinon de la plus haute importance.

En ce moment, Chancellet n'est sûrement pas agréable à vivre, même si, vu son insignifiance, les années 40 l'ont sans doute moins changé que d'autres endroits de France. Je me souviens qu'il existait à deux ou trois kilomètres, à Pelors, une école de ce que l'on désigne aujourd'hui par l'appellation romantique de navigation aérienne, constituée en tout et pour tout d'une modeste piste d'atterrissage et de quelques hangars ; mais à supposer qu'elle soit encore ouverte, sans doute est-elle tombée entre des mains étrangères. À l'époque, tous les jours, qu'il pleuve ou qu'il vente, la vieille duchesse de Challot s'en allait dans la forêt de Pelors chasser avec sa cohorte d'amis et de parents pauvres aux vestes cintrées et aux montures essoufflées. Le son de leurs cors faisait penser à un pique-nique de garçons sopranos, perdus. Depuis, toute une artillerie antiaérienne pour la défense de Paris a peut-être été enterrée dans les terriers des renards : des radios aux balbutiements rageurs émettant dans les branchages soigneusement entretenus. Maintenant, au moins, les renards et les grives peuvent revenir.

Quant au vieil ex-ministre dont le château et le petit parc touchaient le jardin d'Alex, il est mort.

La maison de mon amie était en réalité un morceau de village : deux petits bâtiments d'habitation et une vaste écurie réaménagée et meublée à grands frais dans le style dépouillé de l'époque. Je ne sais qui s'était trompé, elle ou son architecte, mais il y avait un défaut dans la conception du rez-de-chaussée. La salle à manger et la plus belle chambre d'ami donnaient l'une comme l'autre sur la rue, c'est-à-dire sur la grande route d'Orléans et des touristiques pays de Loire ; de sorte qu'un trafic incroyablement rapide à la française frôlait presque les murs de la maison et que le passage d'énormes camions venait vous tourmenter jusqu'au cœur de la nuit. En revanche, non seulement la chambre d'Alex mais aussi la cuisine et l'office s'ouvraient sur un grand jardin calme. Cela enchantait Jean et Eva, les domestiques qu'Alex avait ramenés du Maroc, un couple romantique. Ils s'étaient vite fait un petit nid d'amour tout au fond du jardin, sous un platane ; et ce printemps-là, à leurs moments de loisir, ils filaient là-bas, et se querellaient et même parfois pleuraient comme pour mieux se réconcilier et échanger le baiser de la paix dans les lueurs du crépuscule ou au clair de lune... C'était réglé comme du papier à musique. Si je mentionne ici le curieux emplacement de l'office, c'est que l'après-midi de la visite des Cullen, il se trouva que, m'y rendant pour parler à Jean, je jetai par hasard un coup d'œil par la fenêtre et surpris dans le jardin Cullen qui, s'étant pour quelques minutes affranchi de l'amour, laissait vainement libre cours à sa détestable jalousie.

Personne n'avait annoncé leur visite, ou alors je l'avais oubliée. J'entendis sonner à la porte, une première fois, une seconde. Jean et Eva étaient sans doute dehors ou faisaient la sieste. Alex avait demandé un numéro à Londres à propos d'une petite affaire embêtante à régler, et souhaitait ne pas être dérangée. J'allai donc ouvrir ; ils étaient là, devant moi, une énorme Daimler noire me bouchant totalement la vue de l'espace pavé entre la maison et la route, et l'Irlandais qui s'apprêtait à sonner une troisième fois. « Comment allez-vous ? Je suis bien chez Miss Henry, je me présente : Cullen », dit-il et il se tourna pour aider Mme Cullen à descendre de voiture, opération fort délicate et compliquée, cette dame ayant sur le poing un faucon adulte chaperonné. Un jeune et fringant chauffeur vint aussi lui prêter main-forte. Entre ses deux chevaliers servants qui la tenaient chacun par un coude, vêtue avec une rare élégance et perchée sur les talons les plus hauts que j'aie jamais vus, elle avança en trébuchant sur les vieux pavés, l'oiseau chancelant légèrement et arrondissant les ailes pour garder son équilibre.

Je me présentai à mon tour, ils répétèrent mon nom après moi et me serrèrent la main avec une affabilité assez vague et très grand seigneur. « J'ai emporté mon faucon, annonça inutilement Mme Cullen. Un lanier. Je l'ai depuis peu. Alex ne m'en voudra pas, je pense. Vous non plus, j'espère », ajouta-t-elle en marquant une pause, l'œil pétillant pour me flatter au cas où je me sentirais investi d'une quelconque autorité sous le toit d'Alex. « J'espère que vous ne m'en voudrez pas. » Il lui était impossible de savoir qui j'étais ou en quelle qualité je me trouvais là : un visiteur de passage, un parent d'Alex ou peut-être un amoureux.

Ses yeux étaient d'un bleu de cristal, à coup sûr irlandais ; comme l'étaient aussi bien d'autres aspects de sa personne, en dépit de son pétulant accent londonien et de sa robe de couturier parisien. Son maquillage était très soigné pour une lady fauconnier ; mais sous le fard on devinait une peau d'un naturel duveteux et un nez retroussé dont le bout virait facilement au rose. Ses traits présentaient en outre une certaine asymétrie, en particulier dans l'alignement des narines et des petites lèvres volubiles. Je ne pus m'empêcher de penser que la beauté fleurit rarement chez les Irlandaises ; et qu'on en fait toute une histoire chaque fois que cela se produit : voyez Emer et Deirdre, Mme O'Shea et Mme McBride*. Puis mon regard tomba sur ses doigts potelés d'une blancheur de neige où étincelaient un énorme diamant et un saphir étoilé. Entre sa manche et le gant rugueux qu'agrippait le faucon, son poignet était pareil à un pétale de lis ; de même l'attache tout droite de sa cheville parfaite dans le discret chatoiement de ses bas. Belles qualités qui suffisaient sans nul doute à lui accorder le privilège de séduire et de troubler le sexe opposé : à commencer par son mari.

Entre-temps Jean était accouru, honteux et confus, en boutonnant sa veste blanche ; je l'envoyai prévenir sa patronne de l'arrivée de ses invités et diriger leur chauffeur vers le garage, tout en m'employant à pousser nos hôtes du côté du salon. Mme Cullen s'obstinait à me présenter son faucon. « Elle s'appelle Lucy. Vous ne trouvez pas qu'elle est adorable ? Elle est écossaise ; il y a seulement cinq ou six semaines que je l'ai. Un garde-chasse des

* *Emer et Deirdre sont des personnages de la mythologie irlandaise qui ont inspiré les poètes et dramaturges de la renaissance littéraire irlandaise, en particulier Synge et Yeats. Les deux autres ont existé. Kitty O'Shea fut la maîtresse de Charles Parnell, liaison dont la révélation mit fin à la carrière de l'homme politique. Mme McBride, Maud Gonne de son nom de jeune fille, n'est autre que la superbe actrice et pasionaria républicaine que Yeats a aimée toute sa vie d'un amour non payé de retour. (N.d.T.)*

environs d'Inverness l'a prise au piège, mais elle n'a rien, seulement un doigt un peu tordu. Vous le voyez, ce doigt ? » Elle marqua une halte sur le seuil, puis éleva sa main et son poignet gantés où Lucy se tenait perchée, afin que je comprenne de quoi elle parlait : sur le cuir rugueux et taché, une des griffes acérées serrait le gant de travers. Du sang séché maculait le cuir.

« Je l'ai appelée Lucy parce qu'en hiver, quand il faisait trop mauvais pour sortir chasser, mon vieux père me demandait de lui lire du Walter Scott. J'ai pensé qu'Alex serait contente de la voir.

– De toute façon, on n'a pas le choix, intervint son mari d'une voix forte. Si nous la laissons à l'hôtel, il se passe les choses les plus abominables. Les femmes de chambre se mettent à pleurer et à hurler de terreur. Cela me coûte des fortunes en pourboires. »

Cullen était un homme massif, non pas corpulent mais pourvu d'une certaine ampleur, plus charnu à certains endroits qu'à d'autres, moins au niveau de l'abdomen que dans le dos, autour du cou et au niveau des mains. Il avait un de ces teints d'Anglais qui évoquent plutôt la bonne chère que l'habitude de la chasse ; surtout de la chasse au faucon. De temps à autre, ses yeux noisette, discrètement injectés de sang, viraient au doré ; et il avait une curieuse façon d'ouvrir et de fermer la bouche sous les poils touffus de sa moustache, comme s'il esquissait une moue de dégoût ou vous lançait un baiser désenchanté.

Nous étions sur le point de nous asseoir au salon quand, s'apercevant tout à coup du lieu où ils se trouvaient, ils se sentirent manifestement obligés d'observer : « Quelle pièce splendide, splendide, dirent-il ; des plus originales, moderne, confortable. » La pièce n'avait rien de splendide, mais elle était en effet très vaste, occupant la surface entière de l'ancienne écurie débarrassée de son fenil, de sorte que le toit tenait lieu de plafond, et ses vieilles poutres en châtaignier formaient à près de dix mètres du sol une voûte gothique ; le bois enduit de cire foncée et les murs peints en blanc. Je me serais cru dans une église de village. Tout autour, accrochés à intervalles réguliers, des tableaux au dessin rudimentaire, saturés de couleurs, comme des vitraux. Mais par une belle journée comme celle-là, l'art moderne paraissait fade et étriqué comparé à la vue sur le jardin et le parc au-delà, l'architecte d'Alex ayant démoli un tiers du mur de ce côté-là pour y placer deux grandes baies vitrées.

Mme Cullen trébucha jusqu'à cette grande fenêtre et s'exclama de nouveau courtoisement : « Quel jardin splendide. Et quelle chance d'avoir un étang ! » C'était ce que les Français appellent un « jardin anglais » ; sans plates-bandes – avec une pelouse parsemée de fleurs, des sentiers au bord de l'eau et des arbustes en pleine floraison dans l'éclat tamisé de la fin mai. À nos pieds s'étendait aussi un de ces ciels que l'on voit si souvent en Île-de-France, doux reflet barbouillé à la surface de l'étang, tout en nuages écumeux sur fond bleu pâle. À l'arrière-plan, les arbres se drapaient chacun d'une nuance légèrement différente de la même couleur extatique.

Mais alors que Mme Cullen se tenait face à ce paysage, j'eus le sentiment qu'elle était en fait indifférente et seulement polie ; elle regardait sans voir vraiment. Un petit froncement de sourcil, un balayage efficace des yeux, rien que pour vérifier s'il n'y avait rien là qui la concernât personnellement ; et en effet, il n'y avait rien. Aussitôt, ses cils aériens reprirent leur papillonnement et ses prunelles bleues se perdirent dans le vague, se contentant d'étinceler. Elle réservait ses regards prolongés et expressifs à son mari ou à son faucon.

Ce que la vue du jardin lui rappelait surtout, c'était que son faucon, lui, ne voyait rien : la tête entièrement affublée, sauf le bec, de son chaperon à plume hollandais. « Pauvre Lucy, elle est aveugle comme une taupe », murmura-t-elle ; et avec une remarquable adresse, en tenant un lacet entre ses dents et l'autre entre le pouce et l'index de sa main droite, elle déchaperonna l'oiseau. Celui-ci fronça à son tour le sourcil, promena un regard fixe à la ronde et cligna des paupières en direction de la fenêtre. Puis il ouvrit les ailes et mit de l'ordre dans les plumes blanchâtres et bleutées qui enveloppaient sa gorge ; se peigna la tête entre ses pattes entravées ; se lissa la joue contre son épaule puissante.

Mme Cullen arpenta la pièce de long en large, manifestement indécise sur le choix du fauteuil qui leur conviendrait le mieux, à elle et à Lucy. Puis Alex, qui en avait enfin terminé avec son coup de fil longue distance, entra en s'excusant de ne pas avoir été là pour les recevoir. Ils lui répondirent en se répandant de nouveau en compliments sur la maison et le jardin, et en présentant une nouvelle fois le faucon. « Lucy, pour Lucy Ashton, Lucy de Lammermoor, expliqua Mme Cullen. Vous rappelez-vous son grand air ? *"Easy live and quiet die, Vacant hand and heart and eye."* »

Je fus amusé d'entendre Cullen fredonner quelques mesures de l'air « de la folie » de *Lucia* d'une voix mâle et nasillarde de ténor irlandais. Sa femme le fit taire en murmurant son nom, qui était Larry ; puis elle enchaîna en informant Alex qu'ils étaient descendus au Plaza-Honoré, avaient couru les boutiques parisiennes et se réjouissaient de partir dès le lendemain pour la Hongrie via

Strasbourg. Las de tout ce bavardage, j'avais hâte qu'ils s'assoient, car j'étais impatient de pouvoir admirer le faucon à mon aise et de poser quelques questions. Enfin Mme Cullen réclama une chaise, que j'allai lui chercher dans la salle à manger.

L'entrain d'Alex pendant cette première partie de la visite des Cullen m'étonna énormément. Cela me fit voir combien elle devait se sentir seule en France avec pour seuls compagnons moi-même, mon cousin et quelques amis du même style. Elle qui avait vécu des années en Écosse avec son père, et au Maroc; elle qui avait voyagé en Orient; elle qui à Londres dans sa jeunesse avait fréquenté des campagnards comme ces deux-là, des gens égocentriques mais dépourvus de la moindre velléité d'introspection; énergiques quoique émotionnellement désœuvrés. C'était le type même d'humanité qu'elle jugeait désormais indigne de respect et de confiance, mais que manifestement elle prenait encore plaisir à voir.

Leur propre personne et tout ce qui se rapportait directement à eux leur inspiraient un enthousiasme toujours débordant, bouillonnant comme l'eau fraîche et écumante d'une fontaine, qui s'avérait communicatif et finissait par se réverbérer dans votre esprit; si bien que peu à peu vous vous mettiez à bouillonner de concert. Un des traits les plus évidents du caractère d'Alex était le manque de curiosité, mais à mon avis elle avait surtout peur d'éveiller ou d'autoriser celle des autres à son égard. L'égoïsme la rassurait peut-être, et la rendait moins timide. Toujours est-il que cet après-midi-là, elle posa volontiers des questions – certaines que j'avais moi-même en tête – auxquelles Mme Cullen se fit un plaisir de répondre; Cullen se faisant pour sa part un plaisir d'écouter en ponctuant la conversation de paroles qui n'étaient en fait que l'écho approximatif de celles de sa femme. C'est ainsi que finit par s'établir une curieuse compatibilité d'humeur, par laquelle, contre toute attente, je me sentis moi-même peu à peu gagné.

J'étais à ce point sous le charme de l'oiseau, qu'en réalité le reste m'importait peu. J'en faisais l'incarnation ou l'emblème de tous les sujets de conversation vraiment intéressants qu'évitent en général les gens du monde, cosmopolites, voyageurs et sportifs : la maladie, la pauvreté, la sexualité, la religion, l'art. Dès que je sentais poindre l'ennui, je jetais un coup d'œil solennel à ses yeux fous et cela me permettait d'arrêter d'écouter ce qui se disait pour penser à moi-même, ou par moi-même avec une grande concentration.

Les Cullen m'intriguaient si bien que je commençais à les trouver délicieux. Même si cela ne me permet pas toujours de comprendre, je soumets d'abord ceux que j'ai en face de moi à un examen superficiel et intense où entre une part d'agacement. Ceux-là étaient des spécimens typiques, dans les versions mâle et femelle, de cette race d'Anglais nantis qui sillonnent la planète, débordant d'énergie et d'apparence calme ; égocentriques, froidement grégaires, qui s'occupent pour passer le temps. Pourtant ils n'avaient rien de vraiment calme ni même de placide. Confortablement étalé dans le fauteuil le plus moelleux d'Alex, les jambes tantôt plus écartées ou plus négligemment croisées qu'il ne sied à un gentleman, Cullen suçotait ses lèvres sous la frange de sa moustache en pensant manifestement à son dîner ; il interrompait de temps en temps la conversation de sa femme comme s'il remplissait la mission de toute une vie. Néanmoins, en son for intérieur, il semblait mener un combat sans trêve contre un sentiment bizarre qui finissait toujours par avoir le dessus. Chaque fois qu'il parlait, sa femme souriait ou tout au moins penchait la tête de son côté. Elle le faisait surtout par politesse, je crois, car un bon nombre de ses remarques, et en particulier le ton de sa voix, n'étaient pas des plus plaisants. Mais entre deux remarques, dans les regards qu'elle lui coulait, son affection avait l'éclat des larmes. Et tout en caressant le superbe oiseau juché sur son bras, elle ne cessait de jeter les yeux vers lui, le suppliant d'essayer de l'aimer lui aussi. Il aurait pu s'agir d'un bébé, et lui d'un amant ; ou était-ce l'inverse ?

Alex exprima son étonnement de les voir quitter l'Irlande à une époque de l'année aussi merveilleuse. Mme Cullen répondit qu'en Irlande, que ce soit en saison ou hors saison, il n'y avait pas grand-chose à faire d'autre que chasser. « Et nos fils, ces sauvages, nous fauchent nos chevaux dès qu'ils rentrent à la maison. Nous n'avons pas les moyens d'en entretenir assez pour eux. Je ne supporte pas un cheval que d'autres ont monté. »

Elle fit aussi une discrète allusion à l'amenuisement des vieilles et paisibles fortunes comme la leur. À l'entendre, ce n'était pas la mort d'un parent que pleurait le fantôme dans les couloirs pleins de courants d'air ou dans la haie envahie par les mauvaises herbes, mais la hausse des impôts, la baisse des rentes et des investissements… Certes ils avaient encore l'air riche, avec leur soie tissée main, leurs diamants, leur tweed aussi doux que la soie, descendant au Plaza-Honoré, en route pour Budapest dans leur Daimler. Mais en réalité, tout cela était beaucoup moins dispendieux qu'une maison de campagne bourdonnante d'invités, avec l'entretien obligatoire d'une écurie, d'un chenil, d'un cellier et d'une cave, sans parler d'une domesticité en rapport. En fermant Cullen Hall, fit observer Mme Cullen, ils pouvaient se permettre d'accepter les invitations de leurs amis pendant une moitié de l'année ; et puis le continent était tellement meilleur marché.

Manifestement, Cullen était contrarié de l'entendre nous faire toutes ces confidences. Il nous informa vivement qu'un de ses voisins – un imbécile qui, en plus, buvait comme un trou – avait vendu tous ses biens aliénables, que deux de ses propres cousins étaient obligés de louer ; et que c'était la même chose un peu partout sur les îles Britanniques. En ce qui les concernait, leur situation n'était ni honteuse ni désespérée. Ils avaient encore en vue plusieurs héritages, de son côté à lui seulement, pas de celui de Mme Cullen. Quant à ses fils, ils étaient, sauf pour leur mère, arrivés à l'âge adulte ; mais ils se trouvaient encore aux prises avec cet affreux atermoiement qui a pour nom les études et qui coûte si cher. Pendant les grandes vacances, son frère et sa sœur se faisaient un plaisir de les recevoir ; mais en général ils préféraient traîner à Cullen Hall, confiés aux soins de deux ou trois serviteurs de toute manière trop vieux pour être renvoyés ; et ils chassaient avec les voisins. Les jeunes, évidemment, trouvaient facile de s'entendre avec n'importe quel nouveau venu, même avec le dernier arrivé au pays, un certain Bild, un industriel membre de la Chambre des pairs, un juif; chose qui n'était en revanche pas du tout facile pour Cullen.

Mme Cullen prononça quelques mots pour la défense de lord Bild. Dieu soit loué, c'était lui qui avait acheté le domaine voisin de Cullen Hall, surtout pour les garçons. En dépit de ses origines allemandes très quelconques il était extrêmement strict sur les bonnes manières, l'esprit sportif et l'entretien de la forme physique ; plus qu'ils ne l'étaient eux-mêmes. Il en va de l'influence du voisinage comme de l'éducation ; les meilleurs enseignants appartiennent aux races et aux classes dont l'accès au savoir est récent.

À présent, Cullen, qui s'était levé, se tenait à côté de sa femme et d'un geste taquin agitait un doigt devant le faucon. Les grands yeux de l'oiseau n'exprimèrent, me sembla-t-il, qu'une légère perplexité naturelle ; en revanche une grimace déforma lentement les traits de Cullen qui devint blême. Je décelai le premier signe de cette intéressante vérité : il haïssait Lucy. Il eût volontiers sacrifié un doigt, me dis-je, rien que pour avoir une bonne raison de se venger ; je l'imaginai s'emparant d'une chaise ou d'une table basse pour frapper Lucy. Que les humains et les animaux sont donc différents ! Lucy savait sûrement se montrer à son heure d'une férocité ignoble ; mais en attendant elle restait là, aimable, placide, comme en suspens. Tandis que nous autres humains aimons tant la théâtralité qu'il nous faut préparer et répéter chacun de nos accès de passion ; si bien que la moitié de notre existence se passe à jouer un vague et orageux simulacre.

Mme Cullen leva simplement les yeux sur son mari et lui dit d'une voix veloutée : « L'ennui, c'est qu'en Irlande, j'ai l'impression qu'ils n'aiment pas que nous ayons un faucon. Naturellement lord Bild nous regarde d'un mauvais œil ; mais cela ne me gêne pas de sa part. Il est si peu sûr de lui ; et en plus, il est juif ; on peut difficilement s'attendre à ce qu'il soit accommodant. Mais nos autres voisins et la famille sont presque aussi assommants. »

Cullen fourra sa main taquine dans sa poche et réintégra son fauteuil. Les yeux de Mme Cullen étincelaient de mille feux, animés peut-être par cette forme de repentir qui se plaît à se cacher sous la plaisanterie. À moins qu'elle ne fût heureuse d'abandonner le sujet de leur vie irlandaise et de leur situation mondaine pour reprendre son thème favori, le faucon, qui était tout pour elle.

L'été précédent, nous apprit-elle, un vieil Hongrois lui avait vendu un tiercelet dressé. « Je l'ai emmené l'hiver dernier chez des Américains charmants qui nous avaient invités en Écosse. Là, il a attrapé une vilaine maladie appelée «pantoir» et il en est mort. Ils avaient installé un chauffage central à l'américaine, ce qui, à mon avis, rend nos vieilles baraques humides ; et au vôtre ? Ensuite leur garde-chasse a capturé Lucy et me l'a donnée. Un coup de chance extraordinaire, non ? J'ai toujours voulu avoir un vrai faucon, un hagard, à apprivoiser et à dresser moi-même.

En termes de fauconnerie, expliqua-t-elle, seule la femelle est appelée faucon ; quant au hagard, il s'agit d'un faucon qui, âgé au moins d'un an au moment de sa capture, a déjà chassé pour son propre compte.

À part sa griffe tordue, Lucy était un spécimen parfait de son espèce, *Falco peregrinus*, le faucon pèlerin. Son corps faisait la taille du bras de sa maîtresse ; ses rémiges au repos étaient un tout petit peu trop longues, disposées à la façon d'une tente pliée. Son dos avait une indéfinissable teinte de fer ; seule y brillait une légère patine laissée par le feu de la jeunesse. Sa somptueuse poitrine était blanche, décorée de minuscules gouttes et haglures couleur noisette. De sa culotte floconneuse sortaient deux pattes qui descendaient jusqu'au perchoir, parfaitement droites, sans chair apparente, émaillées d'un jaune verdâtre.

Mais ce que l'oiseau avait de plus beau était son expression. Celle-ci était pareille à une petite flamme ; elle captait et retenait votre attention sans néanmoins rien avoir de tremblant, ni d'éclatant, sans dégager la moindre chaleur. Il arrive à certains hommes d'avoir cette expression ; des hommes à l'énergie infatigable qui ont consacré chaque instant de leur vie à satisfaire leurs appétits ou leur vocation. Ce sont peut-être des hommes bons, mais on les prend souvent pour des hommes mauvais, et inversement. Dans le cas de Lucy, cela se voyait surtout dans les yeux, qu'elle n'avait pas noirs mais d'un brun funèbre, incroyablement grands, profondément enfoncés dans sa tête plate.

De chaque côté de la partie supérieure de son bec était plantée une petite dent ou défense. Mme Cullen nous expliqua qu'elle servait dans les premiers temps à l'oiseau en âge de chasser à briser d'un coup sec la colonne vertébrale de sa proie, ce qui dans la nature est la mort la plus clémente qui puisse être. Cela me rappela les gants crochus qu'enfilent nos fermiers pour décortiquer les épis de maïs ; c'était ainsi, me dis-je, que cela devait fonctionner : le faucon dans le ciel, pareil à une grande main angélique, extirpant la viande du plumage d'un pigeon ou d'une perdrix, de sa gorge son âme.

Je n'avais jamais rencontré, je crois, de femme aussi bavarde que Mme Cullen ; elle passa l'après-midi à ne parler que de son faucon. De nombreux habitants des îles Britanniques s'acharnent toute leur vie à traquer les bêtes sauvages, et se prennent, bien entendu, de passion pour les animaux qui les assistent. D'autres, qui en savent pourtant long sur la nature humaine, préfèrent s'entretenir de la gent animale, peut-être parce que cela en impose plus dans la conversation. L'enthousiasme de Mme Cullen était d'une tout autre nature, et eût sans doute agacé ou inquiété la plupart de ses compatriotes. Après l'avoir écoutée un moment, je la sentis aux prises avec une vision singulière, un implacable tourment, qu'elle s'efforçait d'apaiser en parlant, avec une sorte de double sens permanent. Une duplicité qu'elle n'aurait jamais admise, je crois, et puis qui sait, après tout, si elle était vraiment capable de s'exprimer clairement ? Les gens prennent rarement la mesure des paroles qu'ils prononcent.

Par exemple, elle nous informa que dans son milieu naturel le faucon meurt rarement de maladie ; il meurt de faim. Sa vue baisse ; les plumes de ses ailes se sectionnent ou tombent ; ses serres s'émoussent ou se cassent. Il ne sait plus juger quelle proie vaut la peine d'être poursuivie ; ou bien son vol se ralentit à tel point que même les plus faciles lui échappent. Ou, parce qu'il a perdu du poids, il ne parvient plus à assommer sa victime en la buffetant. Ou alors il n'arrive pas à la lier entre ses serres assez longtemps pour la tuer. Il se rend de jour en jour plus ridicule. Peu à peu, il se rabat sur les oisillons, les oiseaux malades et les petits mammifères au sol, qui sont les plus durs à distinguer ; hélas, il faudrait qu'il multiplie ces victoires faciles pour se rassasier. Plus il a faim, plus il est fatigué et plus il chasse mal. Et plus il chasse mal, plus il a faim, la cause et l'effet se confondant dans l'horreur. Il finit accablé par ce qui ressemble à de la honte, à un abattement morbide. Dès lors, il reste perché quelque part sur un rocher, ou un arbre, et il attend la mort, philosophiquement parlant, il se laisse mourir.

« J'ai rencontré l'année dernière un employé de notre grand asile d'aliénés de Dublin, ajouta Mme Cullen. J'étais curieuse de voir à quoi cela ressemblait ; il m'a emmenée le visiter un après-midi. Certains fous m'ont fait penser à des faucons, c'est vrai. » Les apathiques, assis les mains posées sur les genoux, épuisés par leur imaginaire, qui ne peuvent parler qu'en chuchotant, dont les yeux brûlants regardent dans le vide et qui sont incapables de la moindre concentration… »

Cullen se racla bruyamment la gorge, pour protester, peut-être contre la curiosité des femmes, ou bien contre cette folie qui consiste à interpréter les mœurs de simples oiseaux.

« Les fauconniers pensent que la faim est plus cruelle aux faucons qu'aux autres oiseaux et animaux, poursuivit Mme Cullen. Elle les exaspère, leur inflige une douleur dans chaque plume ; des démangeaisons insupportables dans leurs horribles serres ; une pelote sanglante dans leur gorge qu'un duvet léger enveloppe lâchement à la façon d'un bandage. À la faveur de cette cruelle sensation de manque, de cette obsession malsaine, l'homme les apprivoise et perfectionne cet extraordinaire art du vol qu'aucun autre oiseau ne peut apprendre. On l'entend dans leur cri – *kaï, kaï* – aïe, aïe – que Mme Cullen imita à notre intention – , timide appel aux sonorités plates sur fond de pétillement ou de gargouillis, comme si leur bec était plein d'eau bouillante. « Les hommes n'éprouvent sans doute jamais rien de pareil.

– Mais Madeleine, Madeleine, nous n'avons jamais faim, protesta son mari avec un gloussement empreint d'une profonde satisfaction. Comment pourrions-nous savoir ? »

Elle le pria de ne pas faire l'idiot. Elle avait connu des gens qui avaient souffert de la faim : des républicains irlandais traqués par les Black and Tans, des Allemands en 1922 – elle s'était renseignée auprès d'eux ; ce qu'ils lui avaient décrit ressemblait plutôt à une douce et paisible torpeur.

Cela me laissa pensif. J'avais été un enfant pauvre dans une ferme du Wisconsin et un taudis de Chicago, puis en Allemagne en 1922, pourtant il m'était impossible d'évoquer la moindre sensation précise de faim, c'est-à-dire celle du ventre. Et je songeai – comme toute personne relativement bien nourrie – à toutes les autres faims humaines, spirituelles et sentimentales... Par exemple, la décision que j'avais prise dans ma jeunesse de devenir un homme de lettres. Personne ne m'avait prévenu alors que je n'avais vraiment pas assez de talent. Mon espoir de devenir un jour un bon artiste s'est chargé d'amertume, de fébrilité, d'exaspération ; et le vieillissement n'allait rien arranger. L'artiste raté finit lui aussi par sombrer dans l'apathie, lui aussi se sent trop atteint dans sa dignité pour reprendre son vol et reste au service d'une inspiration bridée, mort d'ennui... Naturellement je ne soufflai mot de tout ceci ni à Alex ni aux Cullen. Que l'idée même m'en soit venue semblait inconvenant, à la limite anormal, alors qu'ils devisaient tranquillement de la vraie vie, des nations qui mouraient vraiment de faim et de certaines espèces d'oiseaux voraces.

Là-dessus notre oiseau se banda ; c'est-à-dire qu'il se tint un instant sur une patte, étira l'autre vers le bas en la secouant ainsi que l'aile du même côté, ouvrant cette moitié de son plumage à la façon d'un long éventail tout en me fixant avec un clignement des yeux, ou de l'œil. Mais parce que mon travail n'avait guère avancé ce printemps, il m'était insupportable d'accorder à ce sujet plus qu'une brève pensée. Au lieu de quoi, je me pris à songer à lui comme à une image du désir amoureux. Celui-ci étant de toute façon le grand remède à la lassitude du travail, la consolation naturelle quand ça vous résiste. À moins que l'idée ne m'en eût été soufflée par les sentiments réciproques des Cullen. L'art est sans conteste quelque chose de trop exceptionnel pour qu'on en parle ; mais pas la sexualité. Dans les pays où il fait bon vivre, tels la France et les États-Unis en des temps d'opulence comme les années 20, ce doit être le plus aiguisé des appétits pour une majorité d'hommes pendant le plus clair de leur vie.

Et il est un fait que les hommes de fort tempérament, à moins de renoncer, de se marier et de rester mariés, meurent plus ou moins de faim. Moi-même j'étais encore jeune à l'époque et j'avais eu de la chance en amour. Mais les premières petites querelles et déceptions vous avertissent ; et dans les confidences d'amis et les ragots sur le compte d'autres hommes, vous découvrez la vague forme hideuse de ce qui vous attend. La vie se poursuit impitoyablement une fois que votre veine est épuisée. La jeunesse persiste, hélas, longtemps après que vous avez cessé d'être jeune. La vie amoureuse se prolonge encore et encore, alors que vous inspirez de moins de moins l'amour, que vous êtes de moins en moins apte à aimer, et que l'amour vous tient plus que jamais aux tripes. Un vieux célibataire ressemble à un vieux faucon.

Les êtres humains civilisés ont appris à éviter la famine au sens propre tout comme la peur de la mort et l'esclavage véritable ; du moins c'est ce qu'on se disait dans les années 20. Ils leur ont substitué des choses comme celles-ci : la peur de vieillir, de se faner, de manquer d'amour. De sorte que je me surpris à contempler ma jeune célibataire Alex d'un air inquiet, sentimental, et ses invités irlandais d'un air d'envie injustifié. Mais devant le malaise de l'épouse irlandaise et l'expression fascinée mais embarrassée de l'époux, je me rappelai que j'opérais là une fausse distinction. Il n'y a pas dans le mariage autant de douce sécurité qu'on l'espère. S'y mêlent aussi la faim et son jumeau, le dégoût ; la nécessité et l'avidité ; et la fuite du temps, cette punition. Bien sûr l'amour vrai et la luxure ne sont pas une seule et même chose, ils ne sont ni inséparables, ni indifférenciés. Mais ils se reflètent, s'imitent et s'élucident l'un l'autre.

En me souvenant de la conversation et de mes pensées cet après-midi-là, je suis enclin à rendre Mme Cullen responsable de mon humeur rêveuse, inquiète et survoltée, qui me rendait par moments inattentif à ses paroles. Chez une femme aussi énergique et séduisante, le moindre soupçon d'une émotion ou d'un sens cachés constitue une source d'excitation ; et cette excitation vous mène à votre tour sur des chemins personnels. Mais comme si je me trouvais devant une glace, face à mon propre reflet, je perçus certaines vérités sur son caractère et son problème avant même que les événements de l'après-midi ne viennent la trahir. Et à mon avis, au fond, c'est exactement ce qu'elle voulait.

Entre-temps elle avait continué à répondre aux questions d'Alex : quelque chose à propos des artisans qui arment le faucon, tailleurs de père en fils spécialistes de la gent ailée que l'on trouve surtout en Inde, et quelles sonnettes s'entendent le mieux dans l'herbe, les taillis et le vent, et quel chaperon évite d'ulcérer ses paupières et son bec cireux ; et quelque chose aussi à propos d'un antique traité persan au titre interminable qui reste paraît-il le meilleur manuel d'affaîtage. Toutes choses que je brûlais de savoir mais que j'étais trop inattentif pour écouter.

Puis Lucy s'essora, ou plutôt battit des ailes et sauta du poing pour se précipiter tête la première dans le vide. Les jets de cuir fixés à ses tarses et la longe qui s'enroulait aux doigts de Mme Cullen la retinrent ignominieusement à l'envers. C'était pénible à voir, comme une crise d'épilepsie ou de démence. En aucun cas la longe n'allait casser ; je m'attendais presque à ce que ses brillantes pattes osseuses se brisent d'un coup sec. Je m'attendais à l'entendre crier : *kaï!* Mais pour seul bruit il n'y eut que le tintement de ses sonnettes et le froissement convulsif de son plumage gonflé d'air. Les pennes de sa queue et de ses ailes, pointant avec raideur, battaient contre son propre corps et celui de sa maîtresse, de la tête aux pieds. Mme Cullen, pas le moins du monde déconcertée, hissa son bras gauche au-dessus de sa tête, se leva et se tint tout à fait immobile, détournant seulement le visage du battement et du fouettement. Son flegme m'impressionna tout autant que sa force.

En l'espace d'une minute Lucy capitula peu à peu. Ce fut un spectacle extraordinaire : on la vit regagner son sang-froid une plume après l'autre. Elle se laissa pendre paisiblement comme une vulgaire dinde ou une oie aux crocs du boucher; mais seulement pour un bref instant. Car les grandes plumes se remirent aussitôt à battre, quoique dans une intention différente : embrassant l'air, s'arc-boutant contre lui, ses serres réussirent à prendre appui sur le gant, et elle se redressa pour réintégrer la place qui était la sienne. Puis elle nous fixa ou plutôt nous toisa en clignant des yeux embarrassés afin d'en chasser l'afflux de sang, tout en s'employant à remettre de l'ordre dans son plumage.

Avec un soupir, et un demi-sourire, Mme Cullen abaissa son bras qui tremblait sous l'effort puis se rassit sur sa chaise. Chez le faucon domestique, nous expliqua-t-elle, on constate à intervalles plus ou moins réguliers des tentatives désespérées de ce genre, véritables bouffées maniaques de liberté, surtout au cours des première et deuxième années ; et toute sa vie durant chez l'oiseau mal dressé. « Ils ne guérissent jamais de leur sauvagerie. C'est comme le paludisme ou cette autre fièvre intermittente, celle dont il faut tant se méfier en Orient. »

Il se trouvait que Lucy était un oiseau d'une droiture et d'une vivacité peu communes, de sorte qu'on était souvent en mesure de prévoir ses crises à certains indices ; le tintement doux et répété de ses sonnettes ou sa façon de tirer résolument sur un jet. Bien sûr, le cuir finissait quelquefois par se détendre ou s'user. «Alors ça se met à la pincer, ce qui la met hors d'elle, et on se dit que tout est perdu, conclut Mme Cullen. C'est plus fort qu'elle, elle ne le supporte pas. C'est comme un suicide. »

« "La liberté ou la mort !" Ha, ha ! » s'écria Cullen, s'attendant sans doute à nous voir nous exclamer sous prétexte que nous étions américains, ou bien parce que le nom de famille d'Alex était Henry, comme celui de l'Américain qui avait pour la première fois exprimé ce sentiment*. Sa femme lui lança un de ses regards qui étaient tout l'opposé de la louange ; et il le prit comme à l'accoutumée. Ses yeux noisette saillirent comme deux joyaux ; le bout de sa langue fit briller ses lèvres.

Pendant ce temps elle caressait doucement les plumes basses et les pieds fatigués de Lucy. Elle aurait pu être une infirmière et Lucy sa patiente, à l'issue d'un accès de fièvre ou de folie. Ou bien une amoureuse et Lucy sa bien-aimée, à la montée distraite du plaisir... Et chaque mot qu'elle articulait ne faisait que brouiller davantage les significations. « Je réussis parfois à désamorcer ses crises d'indépendance. Je suis comme une gouvernante qui apprend à connaître l'enfant dont elle a la garde ; quand elle voit venir un caprice, elle cherche un moyen de l'en distraire... Quelques caresses suffisent en général. Au début je me servais d'une aile de pigeon séchée comme il se doit, mais ceci convient tout aussi bien à Lucy. »

Elle continua paresseusement : deux doigts potelés aux longs ongles vernis, chargés de bagues, frôlant juste les plumes lasses. « Ou si je m'en aperçois à temps, je la monte au-dessus de ma tête un moment. Elle aime à être perchée aussi haut que possible, de façon à embrasser du regard

* *Patrick Henry (1736-1799) : héros de la guerre d'Indépendance. (N.d.T.)*

ce qui l'entoure. Cela l'effraye, je crois, de voir les choses en surplomb au-dessus d'elle. Ne sommes-nous pas nous-mêmes comme ça de temps en temps ? » ajouta-t-elle avec un doux sourire.

À chaque transition de ce style – du faucon à l'humain, de l'objectif au subjectif – je bondissais. Certes, toute femme animée d'un grand amour sait quand il le faut utiliser la flatterie, et au même titre qu'une bonne d'enfants, elle sait combien l'illusion de la supériorité contrebalance efficacement l'illusion de l'infériorité. Mais il ne m'était pas venu à l'esprit que son amour pour Cullen pût être grand dans ce sens : rusé, instructif, thérapeutique.

Le faucon, nous informa-t-elle, ne se reproduit pas en captivité. Plusieurs tentatives ont été faites pour l'y encourager, mais sans succès. Ainsi tout doit être recommencé à zéro chaque fois qu'un fauconnier dresse un nouveau compagnon de chasse. Peu à peu, la bête parfaitement sauvage capitule, individuellement, dans les épreuves atroces de la faim. Mais elle capitule, un point c'est tout, elle s'apprivoise, un point c'est tout ; cela ne lui semblera jamais normal. Vous pouvez transporter un mâle et une femelle côte à côte dans la même cage pendant des années ; il ne se passera jamais rien. Ils cesseront de se battre mais resteront solitaires. Le mépris qu'ils se portent mutuellement pour leur lâcheté, ou celui qu'ils se réservent à eux-mêmes, semble leur briser le cœur. Jamais ils ne construisent de nid ni ne pondent. Pas un fauconneau n'a encore été élevé dans la servitude. L'état de capitulation ne s'accepte pas, pas plus qu'il ne se transmet.

Mme Cullen mentionna, à titre d'exception, les vieux rapaces accommodants dont certains fauconniers se servent pour dresser les jeunes oiseaux sauvages. Mais même cette influence va dans le sens d'une rationalisation d'un mal nécessaire, d'une inculcation du vice ; ils font contre mauvaise fortune bon cœur. Car ils sont nés, eux aussi, sur les falaises arides ou dans l'inconfort des arbres ; eux aussi restent stériles.

« Comme les instituteurs », s'écria Cullen d'un ton triomphant. Cette remarque plut à mon sens de l'humour. Mais devant l'affreux sourire grimaçant de Cullen et la gêne manifeste de sa femme et d'Alex, je m'abstins de le montrer.

Mme Cullen cita ensuite le mot célèbre de Buffon à propos du faucon : « L'individu seul est esclave, l'espèce est toujours libre. » Après Walter Scott, Buffon avait été l'auteur préféré de son père. Elle parlait le français avec un accent incorrect mais très joli.

Puis Alex intervint, d'une voix étonnamment forte pour qui la connaissait : « Alors, c'est tout le contraire des hommes. Ne sommes-nous pas esclaves en masse? Seuls les individus peuvent espérer un jour se libérer; un par un, les uns après les autres.

– Mon Dieu, oui, peut-être, acquiesça Mme Cullen. » Mais son sourire était condescendant. À mon avis, elle se félicitait intérieurement de connaître un ordre d'humanité plus libre et plus vigoureux que nous autres Américains, trop gâtés, trop subtils, nous remettant sans cesse en question; et peut-être n'avait-elle pas tort après tout : des républicains irlandais, des Hongrois fous amateurs de faucons, des Allemands à l'heure de la défaite.

« Mais c'est vrai, n'est-ce pas? insista Alex. Celui qui aime vraiment la liberté représente l'exception.

– Oui, oui, vous avez tout à fait raison », murmura notre lady fauconnier sans conviction.

Mais son mari n'était pas de cet avis : « Non, Alex! Quelle idée répugnante! L'amour de la liberté est notre instinct le plus primordial – si je puis me permettre de m'exprimer ainsi. »

Cela nous laissa un moment songeurs, tous les trois, et un peu mélancoliques aussi, me semble-t-il. Plus qu'à n'importe quoi au monde, Alex aspirait à la liberté; mais si elle partait du principe que les autres n'étaient pas comme elle, elle risquait fort de se retrouver seule dans la vie. Bien sûr, il eût fallu un homme d'une autre trempe que

Cullen pour dissiper sa jeune misanthropie. Moi-même je regrettais de n'avoir jamais été capable de trancher : jusqu'à quel point la liberté mène-t-elle vraiment le monde, et dans quelle mesure tout cela n'est-il pas qu'un vaste gâchis et un ramassis de stupidités ? Pour la première fois de l'après-midi, Mme Cullen contempla son mari d'un air attristé, désarmé plutôt. Elle partageait son point de vue, j'en étais convaincu. Mais il est parfois difficile d'admettre qu'il existe au moins un être humain pour qui la liberté est un problème vital ; des regrets amers vous rongent : car celui-là, vous avez justement besoin de le garder captif.

« Nom d'un petit bonhomme, bredouilla Cullen, le goût de l'indépendance est le seul trait humain qu'on trouve chez le faucon. Tu es d'accord, Madeleine ? »

Elle lui tourna le dos, imperceptiblement, et nous contempla, Alex et moi, d'un air plutôt méchant. Elle avait cette expression volontairement impassible, ce front lisse du brillant conférencier lorsque son auditoire commence à l'interpeller par des questions hors de propos. On y lisait aussi une pointe de tristesse, que je crois avoir moi-même souvent ressentie. Elle n'avait pas la moindre envie de nous voir nous emparer de son sujet de conversation favori, de son passe-temps, de son symbole – bref de tout ce que son faucon était à ses yeux – pour le tourner et le retourner dans tous les sens et lui faire dire n'importe quoi. Il était sa chose, et nous n'étions que des trouble-fête. D'étroits sillons autour de ses yeux et de sa bouche témoignaient de cette lassitude caricaturale des gens trop bavards.

Cela jeta un certain froid ; quelque chose d'un peu sombre et amer s'était glissé dans la conversation. Nous étions restés assis là trop longtemps. Je songeai qu'Alex devait compter les minutes qui nous séparaient de leur départ. Mais soudain elle se montra hospitalière. « Vous resterez bien dîner avec nous, Madeleine ? Je vous en prie, Larry. Je vous promets un bon dîner », ajouta-t-elle avec un sourire indulgent.

Je me demandai si Jean et Eva avaient été mis au courant, et si cette invitation de dernière minute allait être pour eux une source d'exaspération ou d'inspiration. Mme Cullen se le demanda elle aussi : « Les domestiques sont diaboliques, vous savez. Les miens devenaient fous dès qu'il y avait plus de monde que prévu à Cullen Hall. »

La pauvre Alex en savait long sur la folie des domestiques ; mais elle nous expliqua que son nouveau couple ne redoutait pas les visites-surprises. Elle les avait trouvés à Tanger, où le secrétaire d'un club de chasse au sanglier les employait comme cuisiniers dans un campement où il y avait plusieurs tentes de célibataires. Comme s'il se fût agi d'un jeu d'enfants et d'une bonne occasion de montrer leur savoir-faire, munis d'une poignée d'ustensiles primitifs, de quelques bouilloires en fer et d'une broche sur un feu en plein air, ils avaient restauré tout ce joli monde, plus des invités débarquant à l'improviste à toutes les heures du jour. Un après-midi, ils avaient vu arriver de la ville, par la route, un général français escorté de huit personnes, et elle ne savait plus quel plaisantin leur avait demandé de rester dîner. Jean s'était emparé d'un sanglier abattu le matin même et l'avait débité en tranches fines, frotté de quelques herbes qui poussaient entre les tentes, laissé mariné dans quatre bouteilles de cognac, et dès la nuit tombée, avait réussi à leur présenter un plat plus que mangeable. Dans l'esprit d'Alex, sa vie tout entière était jalonnée d'urgences de ce style. Elle avait donc engagé le fier tandem, lui avait procuré des passeports et l'avait embarqué pour la France et Chancellet. C'était pour cette unique raison, confia-t-elle à Mme Cullen, qu'elle les avait engagés.

« Si nous restons, dit Mme Cullen, il faudra que je donne à manger à mon oiseau vers six heures. » Alex avait de toute façon l'intention de demander à Jean un plat de pigeons rôtis avec une sauce aux groseilles blanches. Il irait les chercher chez un voisin qui avait un vieux pigeonnier immense ; il en garderait un vivant pour Lucy. Les réminiscences de sanglier au cognac et la perspective de *pigeons aux groseilles** avaient gagné la faveur de Cullen ; la gourmandise luisait sur ses lèvres roses.

Alex se rendit à la cuisine, et d'après l'air dégagé qu'elle affichait au retour, j'en conclus que Jean était bien disposé. Ensuite elle nous proposa de faire une petite promenade avant le dîner, ce qui ne manqua pas d'enchanter Cullen, quoiqu'il n'eût pas vraiment besoin de s'ouvrir l'appétit. « Bon sang, dit-il, j'ai hâte de goûter à ces pigeonneaux. »

Ils furent déçus d'apprendre que le parc n'appartenait pas à Alex. Il était classé domaine national, comme le petit château de Chancellet qu'il entourait. Bidou, ancien ministre et illustre vieillard, y était cependant logé. Mais il veillait à ce que le portail reste ouvert pendant la journée, de sorte que tout le village pouvait y entrer. Ainsi, chaque jour, au cours de sa promenade, il rencontrait toutes les classes sociales et se félicitait d'avoir été toute sa vie un bon démocrate. Il lançait un *bonjour** à chacun. Mais il aimait particulièrement tomber sur Alex parce qu'elle était américaine et qu'il se souvenait vaguement avoir plaidé la cause du paiement de la dette de guerre.

* *Tous les mots et expressions en italique suivis d'un astérisque sont en français dans le texte.*

« Oh, les hommes politiques ne sont-il pas assommants ? s'exclama Cullen avec un drôle de rire empreint de fierté. Pire que des poètes.

– Larry ! je t'en prie, s'empressa de riposter sa femme, je t'en prie, ne parlons pas de ça. » Je me demandai ce que cela pouvait bien vouloir dire.

Alex déverrouilla la petite porte de l'autre côté de la pièce d'eau, et nous cheminâmes le long d'une *allée** bordée de vieux hêtres. Elle nous avertit que, si Bidou se montrait au loin, il leur faudrait rebrousser chemin. Il s'arrangeait toujours pour l'inviter à dîner, et Mme Bidou l'avait priée de ne pas accepter, eu égard à sa mauvaise santé, et à l'inconséquence de sa virilité devenue sénile.

Nous nous sentions tous beaucoup mieux maintenant que nous étions dehors. Le parc était de toute beauté. Les arbres avaient été si amoureusement taillés, depuis qu'un élève de Le Nôtre les avait disposés, que chacun s'était épanoui conformément à sa nature profonde. La façon dont ils se tenaient en petits groupes, ou en rangs, ou bien solitaires à l'écart des autres, semblait non seulement conforme aux préceptes de l'art des jardins mais aussi exprimer leurs sentiments vis-à-vis de leurs semblables : certains étaient de tempérament affectueux, d'autres obéissants, d'autres encore orgueilleux ou tourmentés. Et contrairement aux humains quand ils sont en groupe, leurs attitudes n'étaient porteuses ni de promesses ni de menaces ; il n'y avait à craindre de leur part ni incidents ni suites.

Cullen marchait en tête avec Alex. Maintenant qu'il était au grand air, non seulement il riait fort mais il parlait en criant ; ce qui me permit de l'entendre raconter l'histoire de cet homme politique anglais d'âge mûr qui avait une liaison avec une jeune femme mariée. Un beau jour il sort seul avec le mari dans les collines pour tirer quelques coups de fusil ; et il le tue, par accident, si l'on peut dire. Ensuite, il épouse sa femme. Mais le remords le poursuit tout le reste de son existence, laquelle est d'ailleurs très brève ; et il la déshérite dans son testament. L'histoire n'était pas nouvelle : je l'avais déjà entendue ; et sur le moment je ne trouvais rien de curieux à l'entendre raconter par Cullen, sauf qu'il avait l'air de la trouver amusante alors que moi pas. Lorsque l'amour se fait diabolique, me dis-je, la forme la plus simple qu'il puisse prendre est le triangle ; cela permet de mieux supporter l'insupportable. Les amants qui méritent notre pitié sont peut-être ceux qui n'ont personne à haïr – ce qu'ils rêvent de tuer et ce pour quoi ils rêvent de tuer se trouvant incarné dans un seul et même être, celui qu'ils aiment et qu'ils ne peuvent mettre à mort qu'en imagination, interminablement.

Nous arrivâmes bientôt à un carrefour ; et voilà que se profila en effet la petite silhouette du vieux Bidou marchant dans notre direction : d'un pas singulier, rythmé d'un traînement pénible de la jambe et d'un haussement d'épaules qui faisait tressauter sa grande cape. Il avait toute sa vie porté des bottes de simple soldat et des tenues entièrement noires, ce qui avait enchanté les caricaturistes et constitué une sorte de marque de fabrique à l'usage des électeurs ; et ce qui désormais le rendait facile à éviter. Mme Cullen demanda s'il était possible de continuer pour jeter un coup d'œil au célèbre vieux bonhomme.

Je rebroussai chemin avec Alex en empruntant un raccourci à travers une plantation touffue de jeunes arbres, sous la voûte des branches printanières qu'allongeaient les vieux arbres. On se serait cru à l'intérieur d'un télescope géant posé à terre et pointé vers le château à cinq cents mètres de là. Au XIXe siècle, sous la conduite de Viollet-le-Duc et de son ami l'auteur de *Carmen*, Chancellet avait été entièrement et prétentieusement restauré. Dans une flaque arrondie de soleil, la lentille de notre télescope, il semblait trop beau pour être vrai, au milieu des parterres de fleurs disséminés çà et là et des douves où quelques canards s'ébrouaient et se courtisaient.

J'étais d'une gaieté aussi folâtre que Cullen ; tout me semblait mystérieux et sentimental. Les volutes des branches encadrant le tableau dans lequel nous nous enfoncions, les yeux fixés devant nous sur la clarté rosée du soleil ; le petit morceau d'architecture bien propret au milieu du cadre, avec ses associations littéraires aussi bien qu'historiques ; l'homme d'État mourant, distrait, érotique, qui sous prétexte de prendre l'air l'entourait chaque jour du cercle immuable de ses pas ; nos étranges convives marchant à sa rencontre, la femme au faucon et l'homme gourmand, dont les prunelles viraient au doré lorsqu'il la regardait, qui salivait à la seule mention de son dîner – ils étaient tous rassemblés autour de moi, me plaisais-je à croire, pour prêter clarté et simplicité à une vérité aussi énorme que vague. Que pouvais-je souhaiter de mieux ? Mais il est toujours stupide de s'attendre à ce que les choses soient simples. Tout ce qu'on peut faire, c'est substituer de petits faits aux grandes spéculations, de petites réussites à l'immensité du désir, et croire qu'il s'agit là d'une opération de simplification.

Ce tête-à-tête me donna l'occasion d'interroger Alex à propos des Cullen. Ils étaient venus à Tanger deux ou trois ans auparavant pour chasser le sanglier. Madeleine montait comme une reine, mais le règlement du club interdisait aux femmes de porter une lance. Cullen avait fait preuve d'un total manque d'enthousiasme et d'une absence tout aussi certaine de talent ; ce qui ne l'avait pas empêché de sortir tous les jours et de ne pas mal s'en tirer du tout. Dès qu'une de ces braves et infâmes bêtes surgissait dans le lointain – apparition clignotante dans les fourrés qui s'échappait brusquement à ciel ouvert comme l'ombre d'un oiseau en plein vol – l'Irlandaise galopait dans le groupe de tête ; avec son mari qui cravachait dur sur ses talons, l'air sur le point d'être jeté bas de sa selle mais tenant bon quand même. À la dernière minute, lorsque les lances commençaient à pointer le long des épaules des chevaux, elle tirait brutalement sur ses rênes ou faisait un écart. Tout à coup, elle disparaissait, alors que lui, Cullen, restait à son poste. Elle avait tant d'ambition pour lui et le fait qu'il montait si mal l'acculait pour ainsi dire – c'est ce qui se disait en tout cas – à l'exploit. Alex avait entendu raconter par un membre du club qu'à une ou deux reprises au moment de la mise à mort, il s'était montré d'une audace et d'une férocité excessives, choquantes. Un matin son cheval trébuchant dans un trou l'avait désarçonné, juste à côté du sanglier, une bête d'une taille et d'une méchanceté peu communes qui en plus était blessée ; et Cullen avait fait preuve d'un bon sens et d'un courage remarquables, réussissant à préserver son cheval des assauts furieux de la bête, même s'il n'avait pas été tout à fait sobre. Le fait de n'être pas tout à fait sobre étant en général ce qu'on lui reprochait.

Un après-midi Mme Cullen s'en était ouverte à Alex : « Pauvre Larry, quand nous sommes en Irlande ou à Londres sans rien à faire, il a tendance à trop manger, et à boire plus que de raison. » Alex avait dû être impressionnée par cette confession, car elle en cita une partie mot pour mot. « La plupart des choses le barbent horriblement, vous savez ; c'est sa vraie faiblesse. Mais que pouvez-vous dire, après tout, à un adulte vacciné comme lui sur les méfaits de l'alcool, n'est-ce pas ? C'est un horrible petit détail tellement sans importance. Ils sont fiers, et préfèrent ne pas avoir à y penser. J'avais une tante qui en parlait, et ça n'a pas arrangé mon oncle, au contraire. » Quant à elle, elle s'employait, aussi discrètement que faire se peut, avait-elle précisé à Alex, à le distraire tout le temps ; ils avaient toutes sortes d'activités, toujours en compagnie de gens qui avaient sur lui une bonne influence ; à l'étranger, et à la campagne de préférence. Il disait souvent que ce n'était pas une vie ; mais grâce à cela il était resté en bonne forme physique et d'un caractère agréable.

Elle était plus jeune que lui, précisa Alex ; et elle avait une fortune personnelle ; c'était une femme intelligente, une originale plutôt complaisante envers elle-même. Pourtant elle lui était entièrement dévouée, à chaque instant, d'un bout à l'autre de l'année. Lui, en revanche, malgré son dévouement pour elle, n'était pas d'une fidélité à toute épreuve. Lors de leur séjour à Tanger une jeune et jolie Américaine, une certaine baronne Levene, débarquée de Malaga, avait flirté avec Cullen; et manifestement il n'était pas resté de marbre. Un résident de Tanger les ayant tous invités à dîner, pendant que les hommes s'attardaient à la salle à manger, Madeleine s'était montrée grossière envers la jeune intruse. Un jour ou deux plus tard elle regrettait sa conduite. Elle avait honte, avait-elle assuré à Alex, de s'être offusquée de la virile frivolité de son époux. Elle ne doutait pas une minute qu'il n'aimait personne d'autre qu'elle. S'il répondait aux avances de certaines femmes, c'était seulement pour rire ou pour se changer un peu les idées. Elle fit une nouvelle allusion à l'incurable ennui de son mari; à son besoin de nouveauté pour tuer le temps, chaque jour de sa vie, chaque heure du jour; ses autres faiblesses n'en étaient que la conséquence. Les aventures sans lendemain, au même titre que le bon vin et la bonne chère, lui occupaient l'esprit.

Tandis que pour elle le mariage était tellement plus simple, avait-elle ajouté; elle n'avait pas besoin de l'attention des autres hommes. C'était tellement évident, pensait-elle, tellement visible, que ces messieurs la trouvaient ennuyeuse et la laissaient tranquille. Alex avait cependant remarqué qu'un certain nombre de messieurs tout à fait séduisants ne la laissaient pas le moins du monde tranquille ; en réalité ils lui faisaient une cour plutôt empressée. Pourtant Mme Cullen racontait tout cela apparemment sans affectation ni insincérité. Les femmes qui ont été courtisées par beaucoup, mais tourmentées par un seul, ont souvent cet air innocent.

Alex en avait fréquenté un grand nombre l'hiver suivant à Londres, où ils avaient été engagés dans un sport d'un genre des plus singuliers : l'action clandestine de la rébellion irlandaise. Cullen était de vieille et pure souche irlandaise – un de ses frères avait été un ami de Casement. Tandis que Madeleine n'était pas catholique ; il coulait dans ses veines du sang de l'Ulster et du sang anglais ; et elle avait passé son enfance au Canada. Pourtant c'était elle la rebelle, en tout cas elle tenait ce rôle avec fougue ; Larry pour sa part se contentait de la suivre. Certes Alex l'avait entendu pester avec rage contre les Britanniques, et honnir De Valera. Mais étant donné qu'il se plaisait toujours à adhérer aux opinions des autres et à renchérir avec tous les enjolivements dont il se sentait capable, comment savoir ce qu'il pensait vraiment ? Lui-même aurait peut-être eu du mal à se prononcer sur ce point.

Au cours de cet hiver ils avaient presque tous les soirs ouvert leur porte aux patriotes les plus singuliers. Au premier coup d'œil, on eût dit un salon littéraire. L'âme de ce petit cercle était le poète McVoy : un jeune homme s'exprimant avec une grande aisance, au visage mi-rapace, mi-mystique. Alex y rencontra aussi un homme qui avait posé quelques bombes, et un autre à qui il manquait un morceau de joue emporté par un coup de feu, ainsi que plusieurs femmes cruelles et endeuillées, et un prêtre bizarre. Leurs opinions politiques étaient toutes teintées de piété, de puritanisme même. Ils auraient eu honte de manger, de boire ou de s'amuser de quelque manière que ce fût, alors qu'il y avait tant à faire pour l'Eire. Cullen se conformait à l'austérité générale. En outre, avait-il expliqué à Alex, ils ne pouvaient pas se permettre de mener grand train cet hiver, vu l'importance de leur contribution à la cause. Alex ne l'avait jamais connu en aussi bonne forme, mince, juvénile et sinon exactement enjoué, du moins aimable. La rébellion constituait manifestement pour lui un excellent exercice doublé du meilleur des régimes. S'y mêlait aussi une certaine inquiétude amoureuse : il pensait McVoy amoureux de Madeleine. Opinion d'ailleurs partagée par Alex. Mais tout ce que Madeleine demandait apparemment au poète, c'était de rester sur ses grands chevaux politiques, de cultiver l'esprit fascinant de la conspiration, tout cela pour le plus grand amusement de Larry. L'émeute, le sabotage, peut-être même l'assassinat – en l'occurrence la fouaille du sanglier d'Ulster, la mise à mort du cerf anglais – avec le pauvre Larry au milieu de la mêlée, sous le prétexte que c'était bon pour sa santé... Mais brusquement tout s'était arrêté, Alex n'avait jamais compris pourquoi. Ils avaient sous-loué leur maison pour passer l'été à Vienne et à Budapest. Ce fut cet été-là que Mme Cullen avait acheté son premier faucon, le tiercelet qui était mort du pantoir.

Ces quelques informations me furent fournies par Alex pendant que nous déambulions dans le parc de l'ex-ministre. Nous étions à présent de retour devant notre portail, sous les grands hêtres. Alex avait vaguement craint que les Cullen ne se perdissent. Mais voilà que dans la lumière changeante, dans l'ombre blafarde, ils arrivaient à vive allure, engagés dans une discussion animée dont le sujet nous échappait et à laquelle ils mirent un terme dès qu'ils nous aperçurent. « Quel amour de vieux politicien, dit Mme Cullen. Il a bavardé un peu avec nous, et ensuite devinez ce qu'il a fait ? Il a imité des cris d'oiseaux pour Lucy ; il a sifflé pour elle. »

Manifestement Cullen préférait les hommes politiques français aux irlandais. « Un brave type ! Il a imité le rossignol et l'alouette et je ne sais quel autre oiseau. Il nous a dit son nom mais, en français. C'était pas mal du tout.

– Et Larry, tu n'as pas été frappé par sa gaieté et sa politesse ? Peut-être pensait-il que s'il sifflait assez longtemps, Lucy finirait par lui répondre. C'est trop drôle, non ? »

Personnellement je trouvais cela non seulement drôle mais touchant : ce vieillard s'était obstiné à siffler pour ses compatriotes pendant un bon demi-siècle, et une majorité d'entre eux avait en effet répondu ; mais, hélas pour la France, pas grand-chose n'en était sorti.

Maintenant Mme Cullen était prête à nourrir Lucy. Mais, son chauffeur et Jean, qui étaient partis se fournir au pigeonnier du voisin, n'étaient pas encore rentrés. À en croire cette sotte d'Eva, ils étaient allés dans le fossé, s'étaient querellés ou égarés en chemin. Nous reprîmes donc place au salon ; là-dessus, j'eus la brillante idée de les interroger sur ce qu'ils pensaient de la politique française, anglaise et allemande. Cullen était essoufflé mais il renifla à merveille et se racla la gorge en guise de préliminaires. « Je t'en prie, Larry, pas de politique », le pria sa femme avec un sourire à mon adresse pour modérer l'impolitesse de ses paroles.

Tout en caressant Lucy, elle la regardait les yeux dans les yeux en hochant doucement la tête; et le bec maléfique suivait exactement les mouvements du bout de son nez comme s'ils étaient l'un et l'autre aimantés. « Lucy a faim », annonça-t-elle d'un ton solennel.

« Touchez sa poitrine. » Elle me prit la main et la tint contre le plumage floconneux; on y percevait en effet un grésillement, un raidissement, comme s'il était traversé d'un faible courant électrique. Ses yeux étaient humides et écarquillés; et aussitôt que les yeux de sa maîtresse les libérèrent, ils s'abaissèrent vivement vers le gant, à croire que l'oiseau s'attendait à voir se matérialiser entre ses serres, à la place du cuir, une boule de plumes à l'agonie.

«Touchez ses pieds », ajouta Mme Cullen; j'obtempérai et elle m'expliqua que les oiseaux ont une température plus élevée que celle des autres animaux. La chaleur de la fièvre; ce qui n'empêchait pas les pattes d'être lisses et sèches comme des serpents. Je pressentis leurs intentions, la convoitise qui grandissait en elles tandis qu'une discrète pulsation comptait les longues minutes d'attente. Le plaisir que je trouvais à leur contact me gênait presque; et je me surpris à retrouver le fil des pensées qu'une heure plus tôt j'avais volontairement abandonnées ; à propos de ce qui rapproche la faim du faucon du désir amoureux. Je dis « pensées » – car aujourd'hui il s'agit bien de cela, à l'heure où je réveille mes souvenirs et où je tente de les coucher sur le papier –, mais sur le moment cela ressemblait plutôt à une sorte de rêve éveillé, aussi vague que fulgurant. Comme dans une très longue phrase complexe, tout venait s'enchâsser : l'image du vieil oiseau célibataire affamé, celle de l'homme-oiseau-affamé-vieillissant, et ma haine du désir, et mon besoin vital de plaisir, et ma passion de l'amour, et ma crainte de voir arriver le midi de ma vie !

Puis je me lamentais intérieurement en songeant que si vous manquiez de jugement, vous risquiez d'aimer sans jamais voir votre amour payé de retour.

Mettons que vous ayez jadis été blessé dans vos sentiments, le jour où vous rencontrerez l'amour, vous ne saurez le retenir ; votre main se refermera sur du vent. Ou bien vous vous serez si bien apitoyé sur la vie et sur vous-même qu'elle se refermera sans laisser de marque. Alors, honteux et frustré, vous remonterez sur votre perchoir. La vie est pleine de perchoirs. Mais vous ne trouverez jamais de nid ; et personne ne se tiendra jamais auprès de vous, sur le même rocher, la même branche. La passion a des façons trop minables pour être de bonne compagnie. Et vous resterez là, à vous employer à garder votre calme, à somnoler, à rêver pour ne pas causer d'ennuis. Par égard pour les autres, et pour la bienséance, vous tairez ce genre de choses : les démangeaisons qui vous rongent les paumes, la blancheur de votre langue, l'absence de vision et tous ces ballonnements et ce vide physiologiques ; et votre cri de désir, aïe, aïe, qui résonne à vos propres oreilles. Nul autre ne l'entendra ; et vous serez si las de tout cela que vous aurez hâte de vieillir…

Ainsi l'espace d'un instant je m'étais stupidement vu en train de devenir vieux ; pendant ce temps Mme Cullen avait continué à parler avec son invariable vivacité, quoique sur un ton plus sombre. « Depuis que nous avons capturé Lucy, dit-elle, elle n'a jamais rien mangé en dehors de ma main, et j'ai toujours porté le même gant. Songez à ce qu'il doit représenter pour elle ! »

C'était un objet répugnant et impressionnant, ce gant, raidi et décoloré par une centaine de petits banquets sanguinaires. Il ressemblait à ces choses qu'on voit dans les vitrines des musées anthropologiques ; fétiches d'horribles religions, ustensiles de sacrifice, fourbis de sorcier. Et ses pieds aux griffes en croissants le labouraient avec une telle passion que vous vous demandiez comment le poignet à l'intérieur y résistait.

« Vous savez, elle n'est pas vraiment attachée à moi personnellement, dit Mme Cullen. Si je vous passais mon gant, elle serait à vous. C'est aussi simple que ça, je crois. C'est ce qu'on appelle le behaviorisme, non ? Voulez-vous essayer ? Prenez-la un peu. »

Elle se retourna vers la chaise et approcha à dix centimètres au-dessous du dossier son faucon, qui, après un instant d'hésitation, s'y percha d'un bond. Mme Cullen avait de grandes mains, les miennes sont petites ; si bien que je réussis sans trop de mal à enfiler son gant. Je fus étonné de voir qu'elle portait aussi à cette main un énorme diamant, lequel avait sous la pression du cuir provoqué un petit hématome sur son doigt... Puis j'élevai mon poignet à une dizaine de centimètres au-dessus de la chaise ; et Lucy, sa foi dans le cuir maculé se doublant de celle qu'elle avait pour les perchoirs élevés, fit un nouveau bond.

« C'est ce qu'on appelle le complexe d'infériorité, n'est-ce pas ? interrogea fièrement Cullen, refusant de se laisser distancer par l'usage que sa femme faisait du jargon. Madeleine n'y comprend strictement rien en psychologie.

– Puisque je te dis qu'elle a faim, Larry », rétorqua sa femme. Et d'après le ton de sa voix, vous auriez pensé que c'était elle l'affamée.

Je pris une profonde inspiration, inhalant du même coup l'odeur du faucon, légèrement sanglante, légèrement poivrée. Je l'avais déjà remarquée, mais sans vraiment la distinguer du parfum français dont se servait sa maîtresse. Solidement campé sur ses pieds dont la chaleur me surprenait, il était moins lourd que je ne m'y attendais. Au moindre mouvement, ses serres accrochaient le cuir et tiraient légèrement dessus – comme les ongles d'une femme du monde sur certaines étoffes – même si manifestement il les tenait repliées de la façon la plus lâche, la plus inoffensive possible. Mais quand même son étreinte était rude, j'avais l'impression d'avoir une paire de bracelets en fer brûlants qui me serraient le bras.

Alex m'adressa ses félicitations pour la tranquillité dont faisait preuve Lucy à mon égard ; je ferais un bon fauconnier. Cela me rappela mon père et son pouvoir magique sur les animaux qui m'emplissait tout à la fois d'envie et d'antipathie lorsque j'étais enfant. Il était capable de mettre à genoux un poulain fou, ou de castrer un marcassin, ou de chloroformer un hibou désespérément pris au piège ; et leurs misérables muscles se détendaient et se rendaient, leurs yeux cillaient avec une douceur parfaite dans l'alignement de ses propres yeux. Ses yeux, ou peut-être ses mains, semblaient pouvoir leur promettre quelque chose.

J'avais passé la moitié de ma vie, me dis-je en mon for intérieur, à découvrir que mon caractère n'était pas à l'opposé du sien ou même en contradiction avec le sien ; je trouvais donc là un lien de parenté supplémentaire. Peut-être pourrais-je moi aussi venir à bout d'un cheval, d'un verrat ou d'un oiseau paniqué, s'il le fallait ; peut-être même d'un fils rebelle et oppositionnel, peu enclin à vivre – qui sait ? Flatteuse pensée quoique pas totalement heureuse : vastes et vagues potentialités de choses que je ne voulais de toute façon pas faire.

Il se trouve que je suis un brin presbyte ; Lucy était tellement proche que je ne la voyais pas tout à fait nette ; et j'ai toujours eu peur de devenir aveugle. Un battement d'ailes, un simple coup de bec, et elle me fendait la paupière ou m'ouvrait le globe oculaire en un instant. Elle ne bougeait guère sur le gant emprunté. Mais la vague noirceur dilatée de l'œil, l'anneau de peau nue qui l'entourait, la troisième paupière qui s'ouvrait et se fermait à la façon d'une bulle, tout cela me semblait plus menaçant encore que si elle eût été agitée. J'avais honte d'avouer ma peur à sa maîtresse. Je ne courais sans doute qu'un risque négligeable. Le regard à moitié dédaigneux que nous jeta Mme Cullen était rassurant sur ce point. Néanmoins, il me semblait que je tenais là, perchée sur moi, l'incarnation d'une grande pensée de mort. Qu'est-ce qui m'avait pris, me demandai-je, de faire de Lucy – cette brute assoiffée de sang à la tête en forme de gouge, aux pieds pareils à deux faisceaux de bistouris souillés – l'emblème de l'amour ? Comme quoi la mort imaginaire et le désir sans espoir se tiennent toujours la main dans notre esprit, bêtement interchangeables.

Pendant ce temps, Mme Cullen, le poignet vacant, avait l'air de la femme la plus agitée du monde. Sans cesse elle croisait et décroisait ses pieds à la cambrure parfaite ; sans cesse elle se tournait d'un côté puis de l'autre sur le fauteuil moelleux ; sans cesse elle joignait et disjoignait ses doigts bagués. Cela éclairait une autre facette de son attachement à Lucy ; la fauconnerie l'obligeait à se tenir tranquille. Peut-être était-elle aussi un tout petit peu jalouse de voir que la délégation avait réussi. « Vous savez pourquoi Lucy vous aime tellement, murmura-t-elle, c'est parce que l'heure de son repas arrive. Elle se figure que vous avez un petit steak ou une moitié de pigeon dans votre poche. Vous lui semblez prometteur. Où croyez-vous qu'est passé votre cuisinier ? J'espère que lui et Ricketts ne sont pas partis s'enivrer ensemble. »

Elle se leva et traversa en trébuchant la pièce jusqu'à la grande fenêtre. Puis, toujours trébuchante, elle revint s'arrêter devant nous et taquiner

Lucy comme l'avait fait Cullen tout à l'heure, mais dans un esprit radicalement opposé. D'un geste mutin, elle fit glisser d'un doigt à l'autre son saphir étoilé, que Lucy observa avec intérêt. On eût dit un œil désorbité.

« Oh, Alex, dit Mme Cullen, vous qui êtes tellement intelligente. Vous devez me trouver bien sentimentale. Pourtant je ne le suis pas vraiment. Je n'ai pas envie que le faucon s'attache à moi. Quand les animaux se mettent à avoir ce genre de sentiment, c'est écœurant. Ils reconnaissent le son de votre voix, aiment votre odeur, veulent que vous les caressiez… Je déteste ça. C'est une affreuse parodie de ce que nous sommes, en pire. Un oiseau comme Lucy, c'est si simple et si droit. Si vous lui faites une promesse, elle s'attend à ce que vous la teniez. Elle sait ce qu'elle veut et qui peut le lui donner, un point c'est tout. »

Cullen poussa un grognement et nous assura qu'il ne fallait pas croire aux propos cyniques de sa femme. Quoique sur un point il fût d'accord : « Les oiseaux sont d'horribles égoïstes. C'est pour ça que je n'arrive pas à les aimer. Je préfère les chiens, c'est moi qui vous le dis.

– Tu entends, Lucy ? Il préfère les chiens. » Elle mit à prononcer ces mots une affectation perverse, peut-être jouait-elle avec l'idée de se faire haïr de lui à cette occasion.

Puis elle se tourna vivement vers moi : « Je vais la reprendre maintenant, monsieur Tower, si vous voulez bien. Je crois qu'elle ne va pas tarder à avoir une crise. »

Nous nous passâmes de nouveau le gant. Et de nouveau Lucy considéra, sur le cuir rugueux, la tache de ses repas d'hier et songeant sans doute avec espoir à ceux d'aujourd'hui et de demain, sauta au poing avec alacrité. Sa maîtresse la caressa doucement afin de la calmer, ce qui ne l'empêcha pas de se précipiter dans le vide.

Après cet incident, Mme Cullen laissa échapper un soupir encore plus profond que la première fois, non que la lutte eût été plus sévère, mais parce qu'elle venait enfin, me semblait-il, d'être atteinte par ses propres remarques, si lourdes de signification sous leur légèreté apparente. Sur quoi, elle ajouta que même si le faucon était simple à comprendre, il ne fallait jamais lui faire confiance. « Il faudra que je veille à ne pas laisser Lucy se lancer à la poursuite d'une proie qu'elle ne pourra ni attraper ni tuer. Le moindre échec la plongerait dans le désespoir. Mon Hongrois prétend qu'à la deuxième proie manquée, il faut la rentrer et la garder affublée ; sinon c'est trop risqué. Car si par malheur elle venait à en manquer une troisième, elle pourrait me laisser ; s'envoler pour ne jamais revenir. En cela ils se ressemblent tous : l'oiseau hagard qui depuis des années est votre compagnon de chasse ; même le niais que vous avez pris au nid et élevé vous-même…

– Je dirais plutôt qu'ils sont fichtrement ingrats, ricana Cullen.

– Non, Larry. Lucy sacrifie sa liberté pour rester avec moi parce que c'est une meilleure vie pour elle, qu'elle est mieux nourrie et s'amuse plus. Si ça ne marche pas, après tout, à quoi ça sert ? Si je ne suis pas assez bon fauconnier… »

Cullen émit un gloussement. Moi pas. Car c'est ainsi que les croyants voient l'abandon de Dieu ; et c'est ainsi que se termine tout véritable amour : au troisième échec. J'en savais déjà assez long sur la vie pour avoir au moins compris ça ; pour ma part j'avais déjà raté deux fois. Je jetai un coup d'œil à Alex, curieux de savoir si elle était aussi troublée que moi par le tour mystérieux que prenait la conversation. Mais son visage avait revêtu sa belle passivité de jeune femme bien élevée ; il était indéchiffrable. Quant à l'Irlandaise, une lueur fantastique s'alluma dans les yeux, qu'elle tint braquée comme du verre sur son grand et faible époux, puis sur moi juste un instant avec comme une pointe de tendresse qui me plongea dans l'embarras. Elle et moi nous nous comprenions.

Elle m'apparaissait comme une femme habitée par une grande passion, mais une sorte de passion plurielle, tout un ensemble confus et enchevêtré où se mêlaient l'effort et le jeu, le goût de la beauté, l'instinct maternel, le sens du devoir conjugal et la misanthropie. Peut-être s'agit-il d'une particularité des femmes sans enfant. Le tempérament féminin est caractérisé par l'abondance des traits secondaires et des talents mineurs, que les fatigues de la maternité peuvent soit affaiblir soit révéler. Et s'ils s'épanouissent tous, c'est l'anarchie.

« Tower, dit-elle, vous feriez un bon fauconnier. Pourquoi ne pas vous y mettre, aux États-Unis ? Et vous aussi, Alex. Tout le monde, je crois, devrait avoir un hobby, un animal de compagnie. Et toutes les autres bêtes sont tellement atroces.

« Pfft ! moi je méprise les chiens ! s'exclama-t-elle d'une voix maussade, écœurée. Vous savez à quoi ils me font penser ? Ce n'est pas très joli à dire, mais je suis sincère. À des prostituées ; le meilleur ami de l'homme et tout le reste. En plus, il y en a de toutes les formes et toutes les tailles, à force de s'adapter sans vergogne depuis des siècles à n'importe quoi et à n'importe qui. C'est pour ça que les hommes les aiment tant ; parce qu'ils se sentent flattés.

« Les faucons n'ont jamais changé. En quarante siècles de fauconnerie, pensez ! Ils sont encore à l'état sauvage ; jusqu'au bout de chacune de leurs plumes, et dans tous les pays du monde. Je vous assure, ils sont uniques dans leur genre. Les chats ont plus de caractère que les chiens, si seulement ils étaient moins lascifs. Noyer leurs petits tous les quelques mois, c'est affreux, non ? »

Malgré sa bonne éducation Alex ne put réprimer une petite moue choquée. Pour ma part, je bondis, car en mon for intérieur, j'étais justement en train de comparer Mme Cullen à une femme sans enfant. Que faisais-je donc de ses fils, de ces sauvages Irlandais, laissés à eux-mêmes à Cullen Hall, qui chevauchaient et massacraient ses coursiers préférés en chassant à courre avec lord Bild ? Je formulai une sorte de prière à leur intention. Ou plutôt je me dis qu'ils avaient intérêt à être vraiment sauvages. À entendre Cullen, ils étaient adultes ; mais était-il lui-même assez mûr pour juger ? Je me dis aussi qu'il valait mieux pour eux qu'ils ne fussent pas trop attachés à leur mère. Pour peu qu'ils aient été conformistes ou sensibles, il était en effet de la part de cette dernière plus charitable, et plus sage, de veiller à rester loin d'Irlande.

J'en étais là de mes réflexions lorsque cette sauvage de Lucy ouvrit ses ailes et laissa tomber une fiente par terre. Mme Cullen s'excusa d'un ton enjoué, et attira fièrement notre attention sur la blancheur de la chose. Cela signifiait que Lucy était en excellente santé. La fiente d'un faucon en bonne santé est l'excrément le plus propre qui soit,

Alex et moi ne serions pas assez stupides pour nous en offenser. Cullen contorsionna d'un air offensé son grand corps dans le grand fauteuil moelleux; son visage devint plus rouge; ses yeux clairs plus saillants. Mais ils saillaient à notre intention plutôt qu'à celle de l'oiseau. Il craignait peut-être ou peut-être espérait nous voir marquer d'une manière ou d'une autre notre désapprobation ou notre dégoût. Alex sonna Eva, et bien sûr ce cœur simple ne s'en formalisa point; elle trouva cela plutôt amusant. Elle alla chercher un torchon et un peu de cire, s'agenouilla avec une grâce superbe et s'employa à remettre le parquet en état.

C'est alors que Jean accourut, tout transpirant, content de lui. Voyant sa beauté chérie à genoux il émit un son joyeux et lui donna une petite tape en passant, ce qui la fit rougir. La Daimler avait crevé sur la route de derrière. Mais l'incident n'allait pas retarder le dîner; car pendant que Ricketts changeait la roue, il s'était assis sur le bas-côté et avait préparé les pigeons avec son canif.

Mme Cullen s'enquit de la taille du pigeon de Lucy; Jean envoya Eva le chercher; une petite chose fripée aux yeux tendres et maudits au fond d'un panier. Mme Cullen ordonna qu'on lui torde le cou et qu'on le coupe en deux avant de le lui rapporter, y compris les plumes et la moitié des abats. En attendant, elle me demanda de déménager sa chaise dans le coin sombre sous l'escalier. Même si Lucy n'était pas le moins du monde timide, elle avait du mal à manger tranquillement dehors ou avec de la lumière dans les yeux. Ensuite Mme Cullen réclama plusieurs torchons afin de protéger sa robe, et Eva lui apporta une vieille nappe, qu'Alex lui attacha autour du cou comme un bavoir et lui étala sur les genoux. Mme Cullen s'assit et écarta largement ses jolies jambes, plus du tout femme du monde, plutôt gitane ou prêtresse ; ou bien comme si elle s'apprêtait à pratiquer une intervention chirurgicale ou un accouchement douloureux.

Là-dessus Jean réapparut avec la part du faucon. Il laissa tomber deux ou trois gouttes de sang et un peu de gésier sur le parquet ciré ; et de nouveau Eva se fit une joie d'éponger. De la main sur laquelle était perché le faucon, Mme Cullen prit le morceau de pigeon, le pinçant entre le pouce et l'index du gant, aux pieds de son oiseau ; le tournant dans sa direction pour mieux le tenter. Au début Lucy nous scruta, Alex et moi, d'un air si insolent que nous reculâmes de quelques pas. Jean et Eva avaient tout autant que nous envie d'assister au spectacle, mais Alex leur rappela que, nous aussi, nous avions faim.

J'avais tant entendu parler et tant entretenu de pensées romantiques sur le sujet du faucon et de sa faim que je m'attendais à voir Lucy se jeter sur son past et le happer, à la façon d'un loup ou d'un chat ; mais ce n'est pas du tout ainsi que cela se passa. Il fallut à son appétit deux ou trois minutes pour s'ouvrir, pour s'aiguiser. Dans son milieu naturel, sa faim dépendrait sans doute du plaisir qu'elle trouverait à chasser, à sentir la volupté de l'air dans ses ailes, à s'amuser à planer dans le vent et à différer son piqué final ; et le spasme de sa passion carnivore serait retardé jusqu'au moment exact où elle tiendrait la viande dans son bec. Toutes ces sensations devaient avoir le temps de se dérouler dans son esprit obtus ; le temps au moins d'un regret. Un moyen comme un autre de surmonter le puissant ennui qui émanait de ce repas de style conjugal ; d'où ses délibérations, ses doutes, et ce qu'elle imaginait.

«Ne fais pas la fière, Lucy ! » marmotta Mme Cullen ; puis elle nous murmura dans son français d'écolière, sous prétexte que Lucy ne comprenait pas le français : « L'appétit vient en mangeant. » Cela me rappela que dans la vie, en général, les appétits qui naissent seulement à l'instant où l'on s'est décidé à manger, alors qu'ils nous sont restés auparavant incompréhensibles, sont les plus nobles – matrimonial, esthétique, religieux...

Un frisson parcourut enfin la poitrine bouclée de Lucy, quelques plumes se hérissèrent, ses ailes s'écartèrent de quelques centimètres, ses poings verdâtres se serrèrent sur le gant, puis son corps tout entier se mit à basculer bec en avant comme la baguette d'un sourcier. Elle écarta un peu plus les pieds sur le poignet de sa maîtresse. Puis elle s'abattit et plongea le bec dans le morceau de pigeon. Mme Cullen retint celui-ci vigoureusement. Lucy tendit les pattes, tira et se redressa avec une bécade, qu'elle fit glisser sans se presser dans sa gorge puis, avec un mouvement ondulatoire du cou, déglutit.

Jusqu'à la fin, jusqu'au moment où il ne resta plus rien du pigeon, Mme Cullen dut l'encourager à rester concentrée sur ce qu'elle faisait. « La seule chose qui compte, déclara-t-elle, c'est qu'elle avale assez de plumes. Sinon elle digère mal. »

Lorsque Lucy marquait une pause, entre deux bécades, et levait son étrange visage, celui-ci avait l'air empreint de spiritualité plutôt que de gourmandise ; elle avait un visage de bigote. Son repas se passa sans crise de colère ni fanfaronnade. Lentement et sûrement elle alla jusqu'au bout, soumettant à l'épreuve de la méditation chaque plume, chaque petit morceau de viande, chaque petite gorgée de sang – un rite sacramentel. À une ou deux reprises, parce qu'elle n'aimait pas telle touffe de plumes ou tel minuscule tendon – ou parce qu'au contraire elle aimait trop ça –

elle secoua brutalement la tête ; une tache de sang apparut sur le bavoir de Mme Cullen, une plume voltigea au sol. Une personne sensible aurait peut-être eu du mal à regarder ; ni Alex ni moi ne l'étions. Mais au bout de quatre ou cinq bécades, Lucy traversa un moment difficile, de satiété pudique ou imaginaire, et Mme Cullen nous demanda de nous écarter un peu plus ; nous ne nous fîmes pas prier. Nous allâmes nous asseoir à côté de Cullen devant la grande fenêtre.

J'éprouvais un vif intérêt à observer, ou à chercher à deviner ses sentiments. Lorsque sa femme avait commandé le banquet de Lucy, il s'était renfrogné. Cela pouvait à mon avis relever seulement d'une sollicitude inquiète, de la crainte qu'en officiant elle nous semblât à Alex et à moi grossière, ou comique. Il gardait les yeux détournés, mais pas de dégoût, sûrement pas, puisque cela lui rappela sa propre assiette. Il nous en parla avec enthousiasme et un grand luxe de détails. La semaine dernière, quelqu'un leur avait fait traverser tout Paris jusqu'à l'avenue Jean-Jaurès juste pour déguster un steak ; tous les ans, ils commandaient par téléphone au même bistro un *cassoulet** sublime qui prenait deux jours de préparation ; et ainsi de suite. Ce qui l'amena finalement au moment présent, et aux superbes pigeons à la casserole que Jean était en train de mijoter pour nous. À cet instant, je crois qu'Alex le regardait avec des yeux presque haineux.

Débarrassée de sa moitié de pigeon, Mme Cullen décida de mettre Lucy dehors pour l'aérer, ce qui est le terme consacré. Nous la suivîmes dans le jardin où elle choisit le dossier d'un banc rustique en guise de perchoir. Mais il y avait eu des signes d'une nervosité inusitée pendant le repas : il semblait plus raisonnable de lui laisser son chaperon. À cause de la chaleur inhabituelle de l'après-midi, après l'Écosse, précisa Mme Cullen, elle avait un peu mal à la tête; et elle se retira avec Alex dans la chambre pour prendre une aspirine et un peu de repos.

Je proposai alors un cocktail à Cullen. Il se leva avec enthousiasme et me suivit jusqu'à la mezzanine que je surnommais « le déambulatoire » où le décorateur d'Alex avait jugé bon d'installer un bar, dans le style années 20 : tout de chrome et de cuivre agrémenté d'un bel arrangement de verres et de remarquables vieux alcools dans de drôles de bouteilles. Non, l'Irlandais n'avait jamais rien vu de pareil. Il y avait un magnum de vodka datant d'avant la guerre; je lui proposai de lui préparer un *alexander* avec quelques gouttes de cette vodka à la place du gin. Sans doute n'entendit-il pas la dernière syllabe, car il trouva charmant de ma part, et tellement américain, que je lui serve un cocktail baptisé du nom de notre hôtesse. J'essayai de le détromper sur ce point mais il était trop enchanté pour m'écouter. Le cocktail eut l'air de lui plaire tout autant, et pendant un moment il resta concentré sur son verre sans rien dire.

Comme ces dames ne revenaient pas, je préparai un second mélange ; et le shaker en argent d'Alex était d'un grand modèle. C'était peu judicieux, peut-être un peu pervers de ma part, et d'une certaine manière typique. La compagnie des gens qui ont trop bu m'irrite en général. Et suscite souvent chez moi une réaction de misanthropie : une pitié frôlant la répugnance, et une ironie grinçante qui ne leur échappe pas toujours. Mais justement parce que je me sens coupable de me conduire quelque peu en vieille fille, injuste de surcroît, chaque fois que je suis chargé de servir à boire, j'ai tendance à en faire trop.

En réalité, Cullen avait été légèrement ivre tout au long de l'après-midi, ce dont je ne m'étais pas aperçu. Il m'avait fallu le voir plus ivre encore, pour comprendre. Ils étaient arrivés à Chancellet vers deux heures et demie ; il avait donc commencé à boire au déjeuner, peut-être même au petit déjeuner. D'où l'air inquiet et fâché de sa femme, ainsi que ses désagréables et maternelles rebuffades destinées à le remettre à sa place. Il avait dû souffrir le martyre au cours de ces dernières heures, et nous n'avions même pas songé à lui offrir un verre : une distraction de ma part, et de celle d'Alex de la prudence ou de l'antipathie. Elle, forcément, le connaissait trop bien pour ne pas avoir remarqué.

Les alcooliques qui boivent ouvertement pendant la journée sont peut-être plus à plaindre que les autres ; en tout cas ils causent plus d'ennuis à leur entourage qu'ils voudraient bien le croire. Et les gens qui ne boivent pas – les sobres dans mon genre – sont en général plus durs avec eux qu'avec les ivrognes titubants, vociférants et joyeux. Eux-mêmes ne s'aperçoivent pas toujours de leur infirmité ou de leur manque de charme. Et s'ils s'en aperçoivent, ils pensent que vous n'avez rien vu, alors que si, bien sûr, mais ce serait mal élevé de le leur dire. Ils font des efforts, souvent héroïques ; des efforts que, cela vous plaise ou non, vous êtes obligé de respecter, sinon de louer.

La pire injustice, sans doute, consiste à les juger, les connaissant à peine, sans tenir compte de leur vice, exactement comme je l'avais fait cet après-midi avec Cullen. Il m'était simplement apparu comme un homme médiocre ; vieux pour son âge, faible pour son gabarit, maussade, vaniteux et d'un caractère plutôt revêche. Personne ne m'avait dit qu'il n'était pas au mieux de sa forme. Pour autant que je sache, il était tel que je le voyais, là, devant moi; c'était à prendre ou à laisser. Pour ma part, j'avais laissé. En sorte que j'éprouvais à présent une légère gêne, et, à mon corps défendant, du repentir.

À d'autres moments, me raisonnais-je, il était peut-être délicieux; son esprit s'élevait, son corps massif débordait d'énergie et d'allant. Ce qui expliquait l'amour que lui vouait sa femme. Mettons que vous ayez éprouvé de l'affection ou de l'amour pour un homme quand il était sobre; alors que vous ne l'aimez pas quand il ne l'est pas; et que lui ne voit pas la différence ou que c'est plus fort que lui. On est sûrement tenté de s'en mêler, et on a sans doute le ferme espoir de pouvoir le changer. Je considérai tout à coup d'un œil plein d'indulgence l'égoïste nervosité et l'acrimonie de Mme Cullen. Quoique, si cela ne dépassait pas ce dont j'avais été témoin jusqu'ici, elle exagérait et dramatisait certainement la situation. Il n'était qu'un homme ordinaire, ennuyeux, sournois, gauche et infantile! Pourtant, aux yeux de sa femme, cette instabilité apparemment inoffensive semblait susceptible d'engendrer d'une minute à l'autre quelque chose d'odieux ou de dangereux, comme si elle sentait le sol se dérober un peu sous elle – le début d'un glissement de terrain – et entr'apercevait d'immondes petites créatures rampantes non loin de la surface, surgissant de terre ! L'amour étant en soi une exagération, il ne peut que mener à d'autres exagérations.

Après le premier verre de la seconde tournée, subitement, Cullen amorça une longue lamentation à propos de la folle course dans laquelle sa femme l'entraînait d'un bout à l'autre de l'année : ses croisières en Méditerranée, ses faucons, ses républicains irlandais. Pas de foyer à proprement parler, ni de ces petits riens qui adoucissent la vie ; comme ce que nous avions Alex et moi à Chancellet, ce magnifique bar, par exemple. Rien que des hommes sauvages, des oiseaux sauvages, et deux femmes de chambre imbéciles pour éponger les saletés du volatile au lieu d'un bon cuisinier : de la cuisine d'hôtel d'un bout de l'année à l'autre, sans jamais la moindre cuisse de sanglier au cognac, sans le plus petit pigeon aux groseilles.

Au départ, je crois, cette diatribe l'embarrassa tout autant que moi. Si j'avais été anglais, m'expliqua-t-il, il se serait bien gardé de me parler aussi ouvertement ; même chose si lui-même avait été anglais ! Mais les Irlandais sont sur le point de la franchise semblables aux Américains. Il avait passé trois ou quatre ans aux États-Unis quand il était jeune ; il avait pu se rendre compte des similitudes. « Les Anglais ne parlent jamais librement, comme nous le faisons en ce moment. Ils sont sournois ; ils se contentent de régner, et veulent toujours tout faire à leur façon. La Grande-Bretagne maîtresse des mers et tout ça... Mais vous savez, Tower, ma femme est anglaise... »

Ces nuances de nationalité lui rappelèrent leur hiver à Londres avec les républicains irlandais. Un genre d'Irlandais qui ne lui plaisait guère plus que les Anglais; leurs principes politiques lui semblaient suspects. « Ce ne sont pas de vrais républicains, c'est faux. Ce sont des anarchistes. Ç'a été affreux pour moi. Je suis un imbécile, je ferais n'importe quoi pour ma femme, et elle fait tout ce qui lui passe par la tête. Elle n'arrêtait pas d'inviter ces patriotes à la maison. Ça m'a coûté une fortune, croyez-moi. Il fallait payer pour tous leurs tracts, subvenir aux besoins de deux veuves, louer des salles pour leurs réunions. Et voilà que, tenez-vous bien, il y en a qui ont déclaré avoir besoin de fusils et de bombes. Incroyable, non? Seulement je ne crois pas qu'ils aient acheté de bombes. Il ne s'est rien passé. Remarquez, ce serait bien fait pour les Anglais s'ils en faisaient péter quelques-unes, vous savez. Je suppose que les petits amis de ma femme se sont contentés d'empocher l'argent; ou qu'ils se sont fait rouler sur la qualité des bombes qui n'ont jamais éclaté. Il ne s'est rien passé. »

Il les trouvait grotesques, ce n'étaient pas des gentlemen. Leurs femmes étaient Dieu sait pourquoi toutes folles d'eux, elles sanglotaient dans l'antichambre, se chamaillaient entre elles ; certaines donnaient dans l'occultisme, d'autres dans la religion, et toutes n'avaient qu'un mot à la bouche : l'Irlande. Pas le genre de femme qui plaît à un homme au tempérament sensuel, du moins pas s'il a le moindre sens de la dignité ; il n'y avait en elles ni douceur, ni tendresse, ni coquetterie. « Mais je dois avouer, ajouta-t-il, que je me suis bien amusé au début à observer ces gens-là et à écouter leurs histoires. Je pouvais toujours les faire taire si j'en avais envie, ou les mettre tout simplement à la porte, vous comprenez, parce que c'est moi qui tenais les cordons de la bourse. »

Je me sentis gagné par ma vieille misanthropie ; pourtant son monologue m'amusait beaucoup, en particulier les pointes de vulgarité comme dans sa dernière phrase. Il appartenait certainement à ces petites noblesses de province qui se font un devoir de ne pas se marier en dehors de leur classe. Mais il serait faux de croire que l'aristocratie montre à toute heure et en tout lieu le meilleur d'elle-même. Elle sécréterait plutôt la vulgarité goutte à goutte, et la garderait en réserve avec un tas d'autres choses hétéroclites et très humaines que les bonnes manières sont censées dissimuler. Presque à chaque génération, comme sous l'effet d'une purge, ces familles donnent le jour à un fils ou une fille bizarres, parfait boutiquier ou courtisane-née, chez qui les bonnes manières ne sont plus qu'un très mince vernis.

Cullen rumina en silence pendant deux ou trois minutes ; et quand il reprit la parole ce fut à propos de tout autre chose. Sans doute avait-il l'impression d'avoir dit tout haut ce qu'il pensait tout bas au sujet de sa femme.

« Ne vous y trompez pas, Tower, je vénère mon épouse. » Et il poursuivit en m'assurant, ou en me prévenant, que toute personne qui en douterait ou qui lui manquerait un tant soit peu de respect risquerait de se retrouver avec son poing sur la figure ; c'était déjà arrivé. À ses yeux elle était pareille à un cygne ; pure comme la neige, pas une fois dans sa vie elle n'avait eu une mauvaise pensée. « Mais elle ne réfléchit pas, ajouta-t-il. Elle ne pense jamais à rien d'autre qu'à ce dont elle a envie sur le moment. Elle est trop gâtée. Quand je l'ai rencontrée, c'était la plus jolie fille de Dublin. Des seins ravissants. Et des chevilles ; vous avez vu ses chevilles ! Sa famille ne roulait pas sur l'or non plus ; je l'ai prise sans un sou ; et je l'ai gâtée. »

L'aristocratie n'avait rien à voir là-dedans. C'était ma faute ; l'effet de la vodka et de la crème. L'alcool est le grand niveleur. Versez-lui un cocktail bien tassé, et le vrai descendant d'une lignée de princes se vante de sa naissance comme un aventurier, le multimillionnaire a l'impression d'être dans la misère, et Tristan parle d'Iseult en des termes d'une vulgarité digne d'un maquereau, me dis-je en mon for intérieur. Ma malveillance commençait à s'accorder à l'extravagance de mon compagnon.

« C'est moi qui l'ai gâtée, continua-t-il. C'est pourquoi elle a la bougeotte. Bon sang, Tower, ça fait des années maintenant qu'elle me fait mener cette vie de Gitan. Nous avons tout fait. » Il leva une grande main moite mouchetée de taches de rousseur et entreprit de compter sur ses doigts tremblants tout ce qu'ils avaient fait : la pêche au saumon, la photographie, la chasse au sanglier et maintenant la fauconnerie. Ils avaient voyagé dans le monde entier, et il compta aussi les endroits, d'une voix aux intonations aussi hâbleuses que pathétiques : la Norvège et l'Amérique, Java et le Maroc, et l'Afrique – sans parler de cet hiver qu'elle avait absolument tenu à consacrer à l'indépendance irlandaise, l'occupation la plus ruineuse qui soit.

« Je lui ai laissé me prendre tout cet argent, énonça-t-il fièrement. Elle n'est plus aussi jolie qu'autrefois ; mais vous savez, je la laisse s'habiller à Londres, ou à Paris ; et elle a deux femmes de chambre. Avant de l'épouser j'avais mon propre valet ; j'ai mis une croix là-dessus. Maintenant nous avons besoin de ce chauffeur, ce Ricketts, parce que nous sommes tout le temps sur la route. Il faut aussi que je l'aie à l'œil celui-là, car il est plutôt coureur. C'est drôle, un jour à la chasse en Écosse avec toute une bande d'Américains, j'ai bien cru que Ricketts se montrait insolent envers Mme Cullen, je l'aurais tué. Mais elle prétend que j'ai été le jouet de mon imagination. »

Tout l'alcoolisme en quelques mots, songeai-je stupidement. Et pendant que lui, pauvre homme, comptait ses parties de chasse et ses voyages sur ses doigts, j'énumérais méchamment les erreurs et les maladresses de l'ivrognerie comme sur les doigts de ma main – l'indélicatesse, la forfanterie, le snobisme ; un sentimentalisme nerveux qui pouvait à tout instant s'inverser et devenir menaçant ; une once de sexualité et une autre de sadisme, indésirable désir, improbable meurtre. Tout cela restant bien sûr irréel et en fait irréalisable…

Jusqu'où va l'exagération ! Cullen n'était pas aussi ivre que cela ; j'avais passé des après-midi entiers avec des centaines d'hommes plus soûls que lui. Mais je me plaisais à tout exagérer, point par point, à mesure qu'il parlait ; ce qu'il avait, je crois, deviné et ce sur quoi il jouait : par fatalisme et par goût de la comédie. La présence dans la maison de ma pointilleuse Alex et de l'épouse excédée de Cullen – ma hâte mêlée de crainte de les voir monter nous rejoindre – rendait cette conversation à bâtons rompus plus excitante qu'en temps normal. J'avais passé un après-midi heureux, tout en songeant au malheur ; et ce paradoxe me faisait un peu tourner la tête. Je suis parfois aussi sensible qu'une femme à l'humeur ou au tempérament des autres ; une forme de sensibilité qui peut tourner, presque au hasard, à leur avantage ou à leur désavantage. Au fond, à la fin de notre tête-à-tête, peut-être n'étais-je guère plus sobre que mon compagnon.

Je commençais à me dire qu'il n'allait finalement pas me raconter le petit épisode d'angoisse ou de jalousie qui avait eu lieu ce fameux hiver à Londres, et dont Alex m'avait fait dans le parc le récit partiel. Aussi fus-je étonné de l'entendre prononcer ces mots :

« Cet hiver à Londres, un de nos patriotes, commença-t-il, a eu le toupet de tomber amoureux de ma femme. Une jeune brute, un certain McVoy, un poète. C'était le bouquet. J'étais sur le point de les mettre tous dehors, tous autant qu'ils étaient. Mais plus je m'inquiétais, plus ma femme m'embobinait facilement et obtenait ce qu'elle voulait. Je ne voulais pas me montrer injuste avec elle ; et si j'avais fait une scène avant de savoir ce qui se tramait, vous comprenez, je risquais de ne jamais être sûr. C'est terrible, le pouvoir qu'une femme peut avoir sur un homme doté d'une nature comme la mienne. Vous comprenez mon point de vue, n'est-ce pas ? »

Il s'exprimait assez calmement, quoiqu'en respirant un peu fort entre les mots. Il tendit le bras pour prendre le shaker; et s'étant servi, garda fermement le shaker à la main. À une ou deux reprises, il descendit de son tabouret et se mit à arpenter la pièce, en emportant le shaker à la place de son verre, pour mieux appuyer ses gestes; puis il revenait au bar pour se resservir à boire. Quant à moi, je n'avais pas goûté au contenu de ce second shaker; il était presque vide. Le blanc de ses yeux se brouillait, la couleur noisette de son iris se durcissait en même temps que s'y éteignaient son sens de l'humour et son discernement. Ses doigts puissants mais bouffis serraient la grosse timbale d'argent, traçant des sillons mats sur le récipient glacé. Je songeais à la lui arracher; à la vider sournoisement dans le petit évier chromé; peut-être à faire semblant de m'enivrer à mon tour, et à l'entraîner joyeusement vers l'escalier pour redescendre au salon… Naturellement je n'en fis rien; je regardais et j'écoutais; j'opinais. J'essuyais le comptoir en cuivre plus que nécessaire, à la façon d'un barman. Même un barman ressent sans doute une pointe de curiosité malsaine au cœur de l'ennui professionnel.

« Il fallait bien qu'on en finisse un jour avec McVoy et tout ça. C'est arrivé une nuit. À la suite d'un malentendu, la police l'attendait devant chez lui; de sorte que nous avons dû le loger jusqu'au lendemain. Je n'ai pas pu fermer l'œil. Je n'arrêtais pas de l'entendre marcher en catimini dans le noir à la recherche de ma femme, en tout cas c'est ce que je croyais. Pur produit de mon imagination ; j'ai trop d'imagination de toute façon. Ma femme et moi dormions dans la même chambre ; c'est encore vrai aujourd'hui ; et il n'aurait jamais eu le cran d'entrer.

« Puis j'ai fait un rêve horrible. Je me suis réveillé debout au chevet de ma femme. Je la voyais parfaitement au clair de lune, elle dormait. Mais je n'arrivais pas à trouver le sommeil. Alors, vers trois heures du matin je me suis levé et j'ai pris un couteau dans l'office du valet de chambre. Je me suis dit que j'allais taquiner un peu McVoy. Mais ma femme s'est réveillée et m'a suivi de l'autre côté du palier. Quand elle a vu le couteau, naturellement elle a eu une frousse terrible. Mais le plus drôle, c'est qu'elle m'a fait peur à moi aussi : debout sur le palier dans sa chemise de nuit blanche. Elle m'a obligé à lui rendre le couteau et à retourner dans notre chambre. Un miracle que McVoy ne se soit pas réveillé. Sinon quelle histoire ça aurait fait, je suppose. Mais il dormait comme un sonneur. À moins qu'il n'ait tout entendu et qu'il ne se soit caché, terrifié, sous son lit.

« Après cet incident, je crois que ma femme a compris mon point de vue, et qu'elle a eu pitié de moi. Elle a pleuré, et ce n'est pas son genre de pleurer. Dans un sens moi aussi j'avais pitié d'elle. Vous imaginez, Tower ! Vous imaginez une espèce de petite canaille s'installant sous votre toit, tournant autour d'une respectable femme mariée en hennissant comme un cheval. C'était bien fait pour lui s'il recevait un coup de couteau. Après ça Mme Cullen les a tous envoyés balader, croyez-moi. Toute la bande de rebelles. »

Il ramassa le shaker et l'agita avec espoir. La glace à moitié fondue cliqueta dans le reste de crème, un bruit auquel je demeurai sourd : moi qui montrais enfin quelque mauvaise grâce à le servir, maintenant que c'était trop tard. J'avais à l'égard de toute cette affaire des sentiments absurdement mêlés. Je ressentais une certaine compassion ; tout le monde a de la tendresse pour les amoureux, moi le premier. Je brûlais aussi d'en rire tout haut et de le taquiner. En plus, j'étais chatouillé de l'envie de lui dire ses quatre vérités, dans un esprit vindicatif plutôt que bienveillant. Il existe un certain nombre de circonstances où la vérité n'est pas bonne à dire ; c'était le cas en l'occurrence. Je commençais à éprouver une tristesse mêlée de méchanceté ; à me sentir solidaire malgré moi.

L'alcool crée en surimpression une couche opaque – uniformité de teint, haleine bizarre, timbre de voix, tics nerveux – sur l'ensemble de la personnalité du buveur; ce buveur que vous avez connu sobre. Pire encore, comme s'il tirait les rideaux de minuscules fenêtres ou perçait de petites ouvertures, il révèle et rend transparents ces replis du caractère que chacun de nous garde secrets. C'est une leçon d'anatomie : voyez ces conduits, sinus et vessies de l'âme dont la nature a pourvu tous les hommes sans distinction! Ce qu'on attribue à l'ivresse n'est guère que ce qui caractérise le genre humain. Nos discours ordinaires ne sont jamais si éloignés que cela du bafouillage d'un Irlandais morbide. J'étais gêné et écœuré à l'idée de n'être moi-même que de la glaise humaine. Seul l'art, me semble-t-il, a le droit de nous faire ressentir ces choses-là. Je hais toute personne qui me les fait éprouver, si je puis dire, socialement.

« Mon Dieu, Tower, c'est tragique, soupira mon compagnon. Elle trouve toujours quelque chose. Maintenant il faut que je surveille ce maudit Ricketts. » Il me fixa en roulant des yeux étincelants; par instants avec la fureur d'Othello, par instants avec une expression d'eunuque, imaginative, détachée.

« Vous savez, Tower, c'est très intéressant. Ma femme et moi nous formons, pour ainsi dire, un couple parfait. Nous vivons le véritable amour. Jamais elle ne regarderait un autre que moi. J'ai l'air très jeune pour mon âge, on est tous comme ça dans la famille; et je comprends les femmes. Oh, tout n'est pas rose, ça ne l'a jamais été. J'ai parfois été sur le point de la quitter, à la suite de certains affronts. Je devrais faire semblant, cela lui apprendrait peut-être à mieux me traiter. Ensuite il suffirait d'un signe de ma part pour qu'elle me revienne. Je la vois d'ici : son cou fier ploierait, je vous le dis; elle reviendrait en rampant. Pourtant, jamais je ne l'humilierais, Tower; je ne l'ai jamais fait. Elle est toujours pour moi la jeune fille fière et ignorante que j'ai épousée, la plus jolie fille de Dublin.

« Le pire affront de tous, vous savez, c'est ce faucon. Il y a des choses que seul un homme sans qualité est capable d'endurer sans broncher, et la présence d'un faucon est l'une d'elles. C'est drôle, vous savez, ces oiseaux n'apprennent jamais à devenir propres. Ils chient quand ça leur prend. Vous avez pu le constater vous-même; j'ai compati, croyez-moi. À l'hôtel, quand les femmes de chambre sont obligées de nettoyer, vous ne pouvez pas savoir comme j'ai honte. Je n'arrive pas à regarder le concierge en face; j'ai peur qu'il se moque. C'est Madeleine qui se charge des relations avec lui; moi je ne veux pas l'approcher... C'est drôle, les femmes, non? Au fond, elles sont moins prudes que nous. Disons-le franchement : c'est pour ça que l'Église veille à ce qu'elles restent à leur place, elles ne peuvent pas s'en empêcher. Si elles avaient plus de délicatesse dans leurs sentiments, elles se détourneraient de nous, vous ne croyez pas ? Elles ne voudraient plus de nos baisers. Alors voilà.

« Ma femme fait une bonne dresseuse de faucons ; son vieux ruffian de Hongrois l'admet lui-même. Mais sur ce point elle ne peut rien faire ; ils sont sales de nature. Elle ne peut rien faire non plus pour me persuader. Il faut qu'elle se débarrasse de ce faucon, et vite ; je ne le supporte plus. Vous voyez, je l'aime, Tower ; c'est ça l'ennui. Mettons que je passe mon bras autour de ses épaules, alors qu'elle tient cet oiseau perché sur son poignet. Que se passe-t-il ? Non, Larry, non, chéri, tu vas casser une plume, une penne très précieuse ! Pendant des jours et des jours jusqu'en Hongrie il va me falloir rester tapi dans un coin de la voiture pour que Lucy puisse prendre ses aises ; ah ! je vous assure, ça me rend malade.

« Elle le garde dans notre chambre, parce qu'il ne se plaît pas dans la salle de bains. Il lui fait pitié. Je reste toute la nuit éveillé à l'écouter bouger sur son perchoir, je suis incapable de l'oublier, même une minute. Dès que je commence à m'assoupir, je l'imagine fondant sur moi avec son horrible bec. Vous ne pouvez pas savoir combien c'est horrible. J'en rêve. Il prend alors la forme d'une chose obscène ; je me réveille en sursaut et je tends le bras vers le lit de ma femme ; mais elle dort et ne se soucie de rien. Croyez-moi, c'est malsain. Dans mes rêves, il personnifie parfois la Mort. Vous savez, j'avais un vieil oncle qui voyait des fantômes, dans une grande baraque que nous avions en Galway. J'ai hérité de son sixième sens, voyez-vous, et ce faucon a le don de l'éveiller. Tenez, un autre rêve. Quand j'étais enfant, ma vieille nounou m'avait appris à tresser des paniers en osier ; et l'autre nuit j'ai rêvé que Lucy était un panier. Ses plumes étaient gluantes et inadaptées à l'usage que je voulais en faire, mais je les tressais quand même ; puis je l'offrais en cadeau à ma femme. Mais c'en est assez ! Ne parlons plus du faucon ! »

Ce fut un moment merveilleux, de mon point de vue. Mon animosité vis-à-vis de ce sot de mari s'était subitement dissipée. C'est un mode d'autorévélation que je trouve particulièrement délectable : par voie d'images hétéroclites, de rêves, d'associations décousues tirées du bric-à-brac de la mémoire. Au moment même où il prononçait ces mots, j'émettais le souhait de pouvoir me souvenir de chacun d'eux.

Car si l'alcool est un dieu, comme le pensaient les Grecs quand il avait été introduit chez eux en provenance de l'Orient, c'est un dieu de la vengeance. Le buveur se transforme en ivrogne. Et dans cette affaire, tout le monde est coupable. Même celui qui n'a jamais bu une goutte d'alcool a forcément contribué, à un moment ou à un autre, à aggraver le cas d'un malheureux buveur. Lorsque Cullen était jeune et que l'ivresse le rendait charmant, quelqu'un l'avait sûrement aimé et admiré à ces moments-là, l'amenant à croire que le secret de l'amour et de l'admiration se trouvait au fond d'un verre. Certains hommes, passés maîtres dans l'art de boire, n'absorbent jamais une goutte sans en paraître grandis. J'en ai connu un ou deux ; ce sont des hommes extraordinaires à d'autres points de vue aussi.

En fait, tout buveur, même au milieu de la plus sordide des rixes entre ivrognes, connaît – entre la vanité des débuts et la déchéance de la fin – cet état de grâce. J'y vois la marque de ses origines orientales et la preuve du bien-fondé des croyances grecques. Dans les vapeurs de l'ivresse semblent circuler soudain une clarté, un air pur qui déclenchent quelque chose. Alors le voile imbécile de l'inhibition se lève ; les complexes tombent. Votre ami s'applique à boire, vous non, ou si peu ; la tension monte entre vous ; puis la voilà tout à coup qui disparaît. L'esprit éméché de votre ami se trouve en quelque sorte posé tranquillement comme un oracle sur son trépied, sous l'empire non seulement de l'alcool, mais de lui-même, de sa nature profonde, de sa fatalité, de son enfance. Ce qui a été maintenu secret, enfoui sous la cendre, étouffé, méprisé, cette chose se met à renaître ; et pour la plupart d'entre nous il n'y a pas de mal à cela. Le meurtrier, quant à lui, commettra peut-être un meurtre, le fou délirera ; qu'importe ? Pour nous, la cendre est nocive, la dissimulation une erreur, le mépris, surtout le mépris de soi, méprisables – il est bon de ratisser les cendres. Vous êtes bien ivre mort, mais vous n'avez rien d'un cuistre ou d'un pochard, vous êtes un visionnaire, comme un enfant ou une vieille femme…

Bien sûr cet état est éphémère. En général s'ensuivent l'abrutissement et la déchéance physique. Et à trop s'en délecter, on risquerait d'avoir toute sa vie les pires fréquentations. Mais cet état propre au genre humain est quand même très intéressant à expérimenter et fascinant à observer. Cullen n'y parvint pas tout à fait cet après-midi-là, sous l'effet de la vodka et de la crème, dans le bar clinquant d'Alex. Mais comme je ne le trouvais pas très sympathique, cela me fut bien égal.

Alex nous interrompit en entrant dans le salon et en m'appelant d'en bas. Elle me demanda d'aller faire un tour à la cuisine, pour voir où en était notre dîner impromptu et presser un peu Jean et

Eva. Elle avait entendu des éclats de voix suspects du côté de l'office ; et préférait ne pas s'y présenter elle-même de peur de voir Jean se lancer dans de grands discours et Eva fondre en larmes.

La cuisine était grande, et typiquement française : un fourneau niché dans une alcôve en briques, des murs mats où étaient accrochées des casseroles en cuivre ; et par les fenêtres et la porte entrebâillée se dessinait un petit paysage baignant dans la clarté oblique de l'après-midi. Le chauffeur des Cullen s'y trouvait en compagnie de nos deux serviteurs, et je ne sais pourquoi la scène me parut aussi tragique que pittoresque. Jean était un de ces valets traditionnels que l'on rencontre encore au bord de la Méditerranée : il avait sûrement été très beau dans jeunesse, d'une beauté sensuelle ; mais à quarante ans, il n'était plus très frais, le crâne tonsuré, les joues bleues, quelques dents en moins ; un homme blanchi sous le harnais, mais encore capable de grandes émotions, et toujours aussi sensuel. Il avait trouvé Eva au Maroc ; celle-ci avait visiblement du sang maure, même si elle se prétendait italienne. Elle avait la moitié de son âge et, en sus, la beauté, bien qu'envahie doucement par la graisse ; elle était pâle, de cette pâleur qui semble parfois cireuse, parfois argentée. Quant à Ricketts, l'œil luisant et le nez pointu, c'était un beau représentant de cette classe de Londoniens à l'accent *cockney*. Il était attablé au milieu de la cuisine dans une attitude de jeune mâle gâté, devant une bouteille de vin à moitié vide et une assiette à moitié pleine des petits biscuits mauresques d'Eva.

Le dîner se préparait ; le fumet ne me laissa aucun doute sur ce point. Je respirai aussi une bouffée d'été naissant : âpres exhalaisons de gazon, senteur de buisson sucrée comme un bonbon foncé. Malgré la porte ouverte, le four, qui allait à un train d'enfer pour cuire les pigeons et la tarte aux fraises, surchauffait la pièce, où s'exaltaient les odeurs corporelles des hommes, saines et débraillées. Eva portait un de ces parfums bon marché d'Afrique du Nord qui se vendent sous forme de galets semblables à des gommes à effacer, et elle avait eu la main un peu lourde, hélas, me dis-je, tout au bénéfice du jeune Anglais. Et l'atmosphère qui régnait dans la cuisine, la moralité ou la psychologie du trio, me parurent tout aussi embrouillées que les effluves qui s'en dégageaient. Eva, debout, regardait fixement Ricketts. Ses grands yeux étaient un peu rougis ; sans doute avait-elle pleuré ; pour le moment elle souriait dans le vague. Ricketts ingurgitait le gros rouge par demi-verres ; et entre deux gorgées levait vers elle un visage aimablement rayonnant. Jean, qui leur tournait le dos, faisait semblant de s'affairer au fourneau. Mais il y avait dans sa façon de remuer les casseroles, de jeter des coups d'œil par-dessus son épaule et de répondre à mes questions, à propos de la tarte et des fromages, quelque chose de sombre et de déterminé qui m'inquiéta.

Je regardai ensuite distraitement dehors. J'avais envie d'admirer, dans le petit intervalle entre les deux buissons, le faucon pensif juché sur son banc rustique. Quelle ne fut pas ma stupéfaction de voir Cullen sur la gauche qui traversait la pelouse. Très lentement, comme un ivrogne qui craint de se faire remarquer, il avançait sur la pointe des pieds, à croire que l'herbe était aussi sonore et glissante que le parquet d'une salle de bal... Immédiatement j'eus la sensation qu'il y avait là quelque chose d'anormal et de scandaleux. Hélas, je ne pouvais pas courir voir ce qu'il tramait sans moi-même provoquer un petit scandale. Jean, Eva et Ricketts m'auraient suivi ou du moins regardé. Je restai donc cloué sur place, jouant les étourdis, murmurant je ne sais plus quoi à propos de camembert et de blanc à mettre au frais.

Cullen disparut un instant derrière l'un des deux buissons à proximité du perchoir de Lucy. Il réapparut accroupi, posant péniblement un pied devant l'autre en se dandinant, appuyé sur une main. Vu le côté grotesque et furtif de son approche, il était évident qu'il n'avait pas préparé son coup, et qu'il n'avait pas vraiment de mauvaises intentions. Lucy était non seulement attachée mais affublée; et ne pouvait donc pas le voir. Cullen s'obstinait à tendre la main vers elle, le plus loin possible; pourtant il eût été bien en peine de l'atteindre dans cette posture de quadrupède. Je commençai à trouver cela vraiment drôle. Mais Alex et Mme Cullen pouvaient l'apercevoir aussi bien que moi de la fenêtre de la chambre : c'était bien dommage...

Cette éventualité lui traversa peut-être l'esprit. Il se leva tant bien que mal, prit l'air de quelqu'un à son affaire, et se pencha sur le banc en me tournant le dos. Peut-être s'appliquait-il à défaire le ou les nœuds de la longe. Manifestement sa présence n'effrayait guère Lucy; elle écarta ses ailes de quelques centimètres, comme si elle s'attendait à ce qu'on la prenne. Alors Cullen eut un mouvement de recul, et à ma consternation, à mon profond dégoût, il sortit de sa poche un grand canif et l'ouvrit. Un meurtre, enfin, pensais-je. C'était au tour de Lucy; plus de Lucy!

Mais avant même que je puisse m'élancer pour arrêter son geste, il se contenta de la pousser avec brutalité tout en se reculant. Manifestement Lucy le terrifiait. Dans un grand fouettement d'ailes indigné, l'oiseau atterrit sur la pelouse. Cullen avait tranché sa longe; pas sa gorge. Et il lui avait ôté son chaperon. L'oiseau promena quelques secondes un regard interloqué à la ronde. Puis d'un puissant coup de pattes et de deux ou trois battements d'ailes, il s'éleva dans les airs, vola au-dessus de la pelouse et gagna l'autre côté de l'étang. Ce fut un moment ravissant. Les regards inquisiteurs qu'il jetait de-ci de-là – se demandant pourquoi il avait été relâché, quelle proie lui avait été réservée – lui donnaient l'air de hocher la tête, de dire non, non, non.

Je le perdis de vue au moment où il passa derrière un arbre ; et de nouveau, lorsqu'il vola plus haut que la fenêtre de la cuisine. Puis il s'abattit, les ailes, la queue et les pattes largement éployées – une étoile à six branches, large et blême. Il resta comme en suspens dans les airs, avant de se poser sur un poteau à l'autre bout du jardin. C'était un des deux poteaux entre lesquels Eva mettait chaque matin de bonne heure la lingerie d'Alex à sécher. Le faucon se posa avec un mouvement superbe ; ses serres rigides empoignèrent le sommet du poteau comme s'il s'agissait d'une proie vivante. On eût dit un ange minuscule saisissant un homme de haute taille par les cheveux. Puis il resta perché là, l'air de se demander de nouveau ce que – en termes d'instinct de meurtre – signifiait cette libération.

Bien entendu, Cullen l'avait suivi des yeux depuis l'autre côté de l'étang. D'un geste imbécile, il lui fit au revoir de la main. Puis il tourna les talons et s'éloigna d'un pas tranquille à travers les buissons. Jean, Eva et Ricketts, tout à leurs occupations matrimoniales ou adultérines, n'avaient strictement rien remarqué. J'en ressentis un certain soulagement ; ainsi qu'une joie puérile. J'attendis un moment, le temps que Cullen regagne le salon. Puis je courus à la chambre d'Alex et frappai à la porte, pour avertir Mme Cullen par mes cris. En fait, je l'informai seulement que Lucy n'était plus sur son perchoir. Après quoi, je battis en retraite et m'en allai voir dans quel état d'esprit était Cullen. Je le trouvai assis au salon, une jambe nonchalamment passée par-dessus un bras de fauteuil, essoufflé comme le sont souvent les hommes de sa corpulence ; il paraissait d'humeur à la fois chagrine et satisfaite, et quelque peu dessoûlé par son exploit ; ce qui était au moins une bonne chose.

« Le faucon s'est échappé. Il n'est plus sur le banc. J'ai appelé Mme Cullen. Elle va descendre. Il a dû se détacher tout seul. » Je m'exprimai en forçant le plus possible la note, lui tendant la perche.

« Et le chaperon ? s'enquit-il d'un ton exaspérant. C'est moi qui ai coupé la longe, pardieu ! »

Je poussai alors un grognement ou un juron ; je ne me rappelle plus. Je ne voulais pas qu'il avoue ; je me reprochais de n'être pas venu lui parler avant de prévenir sa femme; maintenant il était trop tard. Elle entra en trombe; à voir sa mise débraillée, on eût dit que la nouvelle avait eu sur elle les effets dévastateurs d'une tornade. Ses belles chaussures étaient à moitié délacées, et elle traînait des pieds. Sa jolie robe pendouillait, s'enroulait autour de son corps n'importe comment. Elle tira sur le gant ensanglanté; et, en traversant la pièce, se passa impatiemment l'autre main dans sa coiffure qui s'affaissa d'un côté de son visage. La bouche ouverte, elle ne cessait de s'exclamer : « Merde! Merde! Merde! C'est une catastrophe. Il faut à tout prix la récupérer, je ne peux pas la perdre. »

En la voyant entrer, Cullen s'arracha à son fauteuil et se mit pour ainsi dire au garde-à-vous, quoiqu'il parût plus gauche que brave. Elle l'avait sûrement vu; mais elle l'ignora. Elle savait ce qui s'était passé, me semblait-il, et qui était le coupable. Elle ressemblait à une de ces vieilles Irlandaises douées de seconde vue; rustique, mal attifée, et terrifiée. Et en dépit de ses cris et de son affolement, il me semblait qu'elle était en terrain connu et familier; l'effroi lui était familier.

« Oh, monsieur Tower, pouvez-vous aller me chercher l'autre moitié du pigeon? me pria-t-elle. L'autre moitié de son pigeon. Je pense, j'espère, qu'elle n'a pas été loin. »

Derrière nous s'éleva alors la voix du mari qui entonna son refrain habituel, en pire : « Madeleine, Madeleine, ils l'ont sûrement fait cuire. C'est notre dîner, tu sais, des pigeons aux groseilles blanches. »

Elle ignora cette dernière remarque. Faisant volte-face, elle lui lança à la tête d'une voix diabolique : « Mais non, ils ne l'ont pas fait cuire, bien sûr. » Pendant une seconde, je la vis sur le point de le frapper; lui aussi. Il fronça le nez et leva les mains.

Comme je prenais le chemin de la cuisine, elle m'emboîta le pas en m'expliquant : « Jamais je ne réussirai à rappeler Lucy sans me servir d'un leurre. Dieu merci, le pigeon n'était pas gros, elle a sûrement encore faim. » Elle m'asséna sur l'épaule une tape, amicale peut-être, mais si forte qu'elle me poussa en avant.

Puis elle courut de nouveau à la baie vitrée et émit un délicieux petit cri. Sans doute censé ressembler à celui du faucon; mais qui me fit songer à une walkyrie, à une walkyrie toute petite. Car tout cela m'amusait énormément en dépit de mon admiration pour Lucy et de ma sympathie pour nos deux visiteurs.

En entrant dans la cuisine, je me heurtai presque à Alex qui en sortait avec la moitié du pigeon. Mme Cullen s'écria : « Dieu du Ciel, qu'ai-je fait de mon sac ? Il y a une autre longe dedans. Elle a dû casser la sienne. »

Alex courut chercher le sac, me passant le pigeon. Je le laissai tomber par terre, et il salit le parquet. Jean et Eva, qui étaient debout à côté de moi, ne songèrent même pas à nettoyer tant la curiosité les tenait en haleine. Puis Mme Cullen perdit une chaussure, trébucha et se laissa tomber dans un fauteuil; se jetant à genoux, son mari s'employa aussitôt à la rechausser, et de ses doigts tachés de son, caressa cette cheville soyeuse qu'il aurait pu casser en deux comme une brindille – jusqu'à ce que, à bout de patience, d'un coup de pied, elle envoyât son autre chaussure voler par-dessus l'épaule de son mari, avant de se relever et de continuer son chemin pieds nus.

« Restez ici, tous, ordonna-t-elle. S'il vous plaît, je vous en prie, laissez-moi faire. » Elle s'arrêta un instant sur le seuil, le regard fixé de l'autre côté de la pièce d'eau sur l'insouciante Lucy. Puis, comme si elle voulait lui lancer un baiser, elle porta ses doigts gantés à sa bouche. Ensuite, se retournant vivement, elle nous interrogea d'une voix assourdie, comme si elle avait une grosse boule dans la gorge : « Pour l'amour du Ciel, où est son chaperon ? Comme c'est méchant ! Qui a pu faire une chose pareille ? Sûrement l'un de vous – que c'est méchant ! »

La pauvre Eva, mue par cette susceptibilité propre aux mentalités primitives, par une primitive attente des reproches, protesta vivement : « Oh, Madame, Madame, Jean et moi n'avons même pas quitté la cuisine », puis elle fondit en larmes.

Alex lui ordonna de se taire ; Eva obtempéra, plus ou moins. Quant à moi, tout en observant notre oiseleuse en colère, je tenais à l'œil la brochette de spectateurs, si bien assortis et si séduisants, alignés derrière la baie vitrée dans la lumière trouble du couchant. Il me sembla qu'Alex me coulait de drôles de regards ; le fait d'avoir été le témoin, et d'une certaine manière le complice du méfait, me donnait peut-être une expression bizarre. Certes tout ce désordre lui paraissait détestable : cette sombre série de vulgaires maladresses perpétrées sous son toit, cet exhibitionnisme généralisé, le tout sous les yeux exorbités des domestiques. Mais d'un autre côté la capture d'un grand rapace fugitif était le genre d'affaire dont elle se délectait. Ses yeux marron clair étaient lumineux, elle respirait comme une enfant heureuse. Ricketts arriva en catimini et vint se poster juste derrière nous, aussi près d'Eva qu'il osait. Et Jean murmura à Eva en italien, *prestissimo,* jusqu'à ce qu'Alex lui demandât à lui aussi de se taire. Eva se tamponna les yeux avec le coin de son torchon rougi à l'autre extrémité par le sang du pigeon. Quant à Cullen, son visage était brouillé par tout un mélange d'émotions ; Dieu sait de quelle nature.

Tandis que Mme Cullen s'éloignait sur la pelouse à gauche de l'étang, je fus frappé par la transformation que l'urgence de la situation avait opérée dans son apparence et son allure. Peut-être surtout parce qu'elle était à présent déchaussée. Tout à l'heure, combien délicatement elle avait buté contre les pavés en descendant de la Daimler ; combien naïvement elle avait arpenté le parquet ciré d'une démarche titubante, et combien languissamment elle s'était promenée dans le parc ! Certes, avec ses chaussures de confection française ou italienne aux talons de dix centimètres, elle était gênée dans ses mouvements, mais d'un autre côté, cela la flattait, la travestissait. Maintenant, on avait l'impression que ses seins s'étaient affaissés, libérant les mouvements de ses bras. Elle avait des hanches larges et un dos puissant, présentant cet arrondi entre les omoplates et la tête qu'on voit aux nus d'Ingres. Elle marchait les jambes écartées et posait délicatement la plante de ses pieds par terre, comme un chat que rien ne peut déséquilibrer.

Soudain, elle se rappela sans doute que contrairement à la longe, elle n'avait pas de chaperon de rechange. En toute hâte, elle rebroussa chemin en longeant l'étang pour ramasser au pied du banc le chaperon que Cullen avait laissé tomber ; puis elle se remit en route, longeant cette fois l'étang par la droite, et se rapprocha de sa proie avec une lenteur de plus en plus féline. La suite se déroula en quelques secondes. On entendit s'élever l'appel du fauconnier : *aï, aï*, un cri de désolation, qui n'a sans doute guère changé en trois ou quatre cents années de fauconnerie, car il répond à une acoustique éternelle, agréable aux oreilles immuables du faucon. Aux miennes aussi, merveilleusement. Lucy tourna vivement la tête. J'aurais voulu l'entendre lancer en réponse son *kaï*, mais elle n'en fit rien. La femme et le faucon étaient tellement loin, qu'on les distinguait à peine. Nous vîmes Mme Cullen lever le bras et lancer le morceau de pigeon par-dessus la haie, en direction du poteau où était perché l'oiseau ; alors, le souffle suspendu, nous regardâmes Lucy descendre en piqué, d'un seul mouvement gracieux, comme une grande fleur crépusculaire fanée se détachant de sa tige. Immédiatement, l'oiseleuse se courba en deux, et, cachée par le feuillage, se glissa en catimini derrière la haie. Puis il y eut une attente interminable – au bout de laquelle la femme se redressa vivement et revint vers nous avec le faucon chaperonné sur son poing, de nouveau à sa place. Avant de lui couvrir la tête, elle lui avait sans doute, me dis-je, permis de prendre quelques bonnes bécades de ce pigeon non prévu à son menu, en sorte que son méfait, ou du moins sa mésaventure, lui servît de leçon, comme à nous tous d'une certaine manière.

À l'intérieur, derrière la grande baie vitrée, nous avions tous un large sourire aux lèvres et, selon notre inclination, nous murmurions ou bien nous nous exclamions. Seul Cullen était d'une immobilité de statue, il n'était même plus essoufflé. Je m'écartai de façon à pouvoir discerner les traits de son visage, que je vis illuminé non seulement par le feu de l'alcool mais par une pâle lueur, signe d'un soulagement insensé, d'une grâce miséricordieuse, quasi extatique, comme s'il avait aspiré de toute son âme au retour sur le bras de sa femme de cet horrible oiseau, qui allait recommencer à le hanter. C'était trop beau pour être vrai ; je le voyais certes plus sobre, mais sentimental à en crever ; comment avais-je pu faire un seul instant confiance à un homme pareil ?

Mme Cullen revint par le côté gauche de l'étang, ce qui était le chemin le plus long. Le soleil, voilé tout l'après-midi, se couchait avec magnificence. Se réfléchissant à la surface de l'eau, la lumière formait des gerbes d'étincelles à travers lesquelles on distinguait mal Mme Cullen. Elle baignait jusqu'aux chevilles dans un halo d'iris et de fleurs ;

et un rideau de lilas nous la dissimulait parfois. Elle avait l'air sereine, indifférente. Une absurde mèche de cheveux lui balayait toujours la joue ; de temps en temps elle soufflait dessus. Sa robe était en bataille, sa combinaison dépassait, mais elle s'en revenait sans hâte, les pieds nus dans ses bas, d'une démarche majestueuse un peu élastique, qui me rappela Isadora Duncan.

Heureux spectateurs que nous étions, nous nous précipitâmes tous les cinq de concert à sa rencontre sur la pelouse. « N'est-ce pas merveilleux ? jubila-t-elle. Vous voyez, elle est parfaitement dressée. Elle comprend tout. Sinon je n'aurais jamais pu la rappeler. Je ne vais pas tarder à l'emmener chasser. Larry, va chercher l'autre longe, celle que j'ai laissée sur le banc. » Elle insista délibérément sur le « je ». Elle aussi préférait qu'il n'avoue pas.

Cullen alla chercher la longe d'un air penaud. Les domestiques reprirent le chemin de la cuisine. Mme Cullen demanda la permission de se retirer pour remettre un peu d'ordre dans sa toilette, déclinant l'offre de compagnie et d'aide d'Alex. « Tu as pris assez d'air pour aujourd'hui, mon hagarde Lucy », l'entendis-je marmonner en nous quittant.

Je n'avais pas osé espérer que Lucy – un oiseau hagard, captif depuis seulement deux mois, qui n'avait pas encore eu le plaisir de chasser avec sa maîtresse et dont le doigt blessé par le piège n'était pas encore guéri – se laissât rappeler. La scène de sa capture, ou de sa capitulation, n'en avait été que plus excitante. Pourtant je n'avais eu aucune envie de la voir s'enfuir. Je ne l'avais pas imaginée survolant seule la Normandie en direction de l'Écosse, ou tout autre résidence d'été vers laquelle son instinct eût été susceptible de la conduire. Cette omission, étant donné la fibre sentimentale de mon imagination, était pour le moins étonnante. J'en déduisis que, dans le fond, je n'avais aucune envie de voir Larry Cullen échapper à Mme Cullen, ou vice versa. Je ne crois peut-être pas vraiment en la liberté, ou j'y vois seulement un épisode, un moment dans la vie qu'il faut être assez fort pour supporter et dont il faut tirer profit quand il survient, une sorte de mal nécessaire. Quand l'amour lui-même est en jeu, on aspire généralement à la liberté par crainte de la captivité.

Alex, pensant qu'un petit verre serait le bienvenu, fit mine de monter à l'étage; mais un coup d'œil à Cullen, puis un autre vers moi, l'en dissuadèrent et elle revint s'asseoir. Cullen s'affala dans son fauteuil, le regard apparemment vide, avec ce calme qui n'est en fait qu'un épuisement de toutes les forces vitales; la chute du lourd rideau sur le drame qui se déroule dans la tête ou dans l'âme. À moins que ce ne fût seulement l'entracte. Son corps massif et vieillissant semblait présenter certaines bouffissures, d'imperceptibles turbulences ; ses mâchoires tressaillaient dans les replis de son double menton ; ses yeux injectés de sang s'illuminaient par intermittence.

Nous entendîmes alors une sonnerie insistante du côté de la chambre d'Alex ; et celle-ci, se levant aussitôt d'un air inquiet, partit voir de quoi il en retournait, pour revenir quelques minutes plus tard nous informer que Mme Cullen avait décidé de rentrer à Paris sans attendre le dîner. Elle avait un frère à Paris, elle lui avait téléphoné ; il avait des ennuis, il avait besoin d'elle. Je n'en crus pas un mot, et l'expression d'Alex confirma mes soupçons. D'évidence Cullen n'était pas étonné. Il poussa un grand soupir, peut-être en songeant à ses pigeons aux groseilles ; mais il ne dit rien.

Alex me laissa le soin d'annoncer à Jean et à Eva que leur dîner était superflu. Je ne sais pas vraiment comment Eva le prit, mais en tout cas, ce ne fut pas bien : elle me regarda bouche bée puis partit en courant dans sa chambre. Jean en revanche préféra prendre un air supérieur et calme. Cela finissait toujours par aller de travers, fit-il observer, quand ces lords anglais venaient voir la pauvre Mademoiselle, dans leurs voitures grandes comme des autobus conduites par de jeunes freluquets. À son avis, le jeune Ricketts était pour quelque chose dans la fuite de « l'aigle à Mme Cullen ». Le freluquet en question honorait en ce moment de sa présence le bistro du coin. Je permis à Jean d'aller le chercher. Le changement de projet des Cullen allait peut-être lui faire passer l'envie de le jeter dehors.

Pendant ce temps, sans façon, nos malheureux hôtes rassemblaient les affaires qu'ils avaient éparpillées çà et là : la longe coupée, un rouge à lèvres égaré, un porte-cigarettes avec un fermoir en diamant. Alors que nous attendions dans l'entrée l'arrivée de la Daimler, Mme Cullen s'enquit tranquillement : « Alex, ma chère, vous n'auriez pas besoin d'un chauffeur, par hasard ? »

Il se trouvait justement que si. « Quelle chance ! Vous allez pouvoir engager Ricketts, continua tout aussi tranquillement Mme Cullen. Je le renvoie dès notre arrivée à Budapest. Il déteste l'Irlande, et il se débrouille très bien en français. C'est un excellent chauffeur, il conduit vite, et il est très bon mécanicien… » Elle le recommanda aussi pour certaines autres qualités, dont un sang légèrement teinté de bleu.

Auprès de moi, Cullen tergiversait, bredouillait à haute voix, et finalement n'y tenant plus, s'écria : « Mais Madeleine, voyons, ma chère, tu es formidable. Nous n'avons jamais eu quelqu'un d'aussi bien que ce Ricketts. Qu'est-ce qui te prend ! »

Un peu gênée, Alex déclara qu'ils auraient en effet sans doute du mal à trouver un chauffeur l'été en Hongrie ; et elle leur conseilla de réfléchir avant de prendre une décision. Elle avait peut-être pressenti la suite ; comme moi.

« Oh, j'en trouverai facilement un autre, rétorqua Mme Cullen, ou je m'en passerai. Vous comprenez, Ricketts n'aime pas Lucy. Il se moque de moi derrière mon dos. Je sais que je suis une vieille folle, mais je n'ai pas envie qu'on se le dise autour de moi. » Elle avait prononcé ces mots avec une grandiloquence tout à la fois triste et feinte, adressée manifestement à son mari.

Je me désolai une fois de plus de ne pouvoir traquer l'émotion sous les traits de Cullen qui, pour être banals, n'en étaient pas moins expressifs ; nous étions debout épaule contre épaule face à nos chères femmes. Un vestige de cette bonne distillation prébolchévique s'attardait encore sur son haleine plutôt courte et haletante ; mais ses effets nocifs devaient s'être évaporés. Nous restâmes tous un moment silencieux.

Mme Cullen ne fuyait pas nos regards ; mais du sien toute flamme s'était éteinte. Une saine et juste colère aurait dû y briller ; mais dans ses yeux il n'y avait plus rien, que le néant. Lucy était à présent affublée de son chaperon ; et la décoration au bout du cordonnet qui l'attachait suivait doucement les mouvements de sa tête, au niveau du menton de Mme Cullen, dont le visage irlandais asymétrique n'était guère plus expressif. Sa sérénité, son esprit brillant et stoïque, son hermétisme, tout cela relevait d'une sorte de fabrication mentale ou morale, d'une ornementation. Je soupçonnai derrière ce leurre l'existence d'une âme affligée de la même cécité que Lucy. On empêche un faucon de voir pour qu'il n'ait pas peur ; j'espérai que les manières hautaines et fielleuses de Mme Cullen eussent la même fonction. Je craignais que non.

Un peu plus loin, sous les platanes, le moteur de la Daimler se mit à ronronner – ce n'était pas trop tôt. Je me sentais envahi – et cela me torturait, me semblait-il, jusqu'à la moelle des os, circulait dans mes veines, ouatait mes nerfs – par ce mélange de chaud et de froid, de bon et de mauvais, qui troublait les âmes exigeantes de ce couple bizarre.

Comme elles sont dérisoires, ces passions non payées de retour ; ces amours que les hasards de la vie ou une faute vous font perdre ; cette sexualité qui prend le nom d'amour – ce sont de simples malaises passagers et volontaires quand on les compare à ce long cheminement qu'est le véritable amour, et en particulier le mariage. Dans celui-ci, les insultes fusent encore, encore et encore ; et il ne faut pas seulement endurer la douleur, mais y consentir ; et le trésor d'indulgence que cela nécessite est aussi incroyable qu'épuisant.

Une fois que l'amour vous a comblé, vous vous apercevez que presque toutes les autres choses de la vie ne vous servent plus qu'à rembourser, échéance après échéance… C'était la grande leçon que l'on pouvait tirer des conflits du couple Cullen. Pour ma part, je l'avais retenue assez tôt dans la vie. C'était pour Alex que je me faisais du souci. Il est regrettable de mesurer le coût de l'amour avant même d'y avoir goûté ; on prend le risque de ne jamais avoir le courage de s'engager.

La Daimler était avancée ; Cullen et moi-même aidâmes Mme Cullen et Lucy à s'y installer, pendant que Ricketts, la casquette à la main, tenait la porte. En réalité, Ricketts riait sous cape, d'une façon subalterne et silencieuse ; mais ce n'était visiblement pas de sa maîtresse ou du faucon qu'il se moquait. Il serrait des lèvres minces et rouges, ses longs cils semblaient amasser l'ombre : fallait-il y voir l'effet d'un baiser italo-mauresque volé derrière la porte de la cuisine ? ou bien – les gens de sa classe étant toujours un peu narquois – savourait-il la déconfiture de Jean ? Il jeta un coup d'œil en se retournant à peine, sans doute vers une fenêtre du haut – je l'imitai, mais ne vis nulle part de couple méditerranéen épiant derrière les carreaux.

Ni les Cullen ni Alex ni moi n'avions le courage de recommencer une scène d'adieux. Cullen avait les larmes aux yeux. Ricketts n'avait pas encore engagé la longue automobile en sens inverse du flot de voitures en provenance de Paris, que nous avions déjà refermé la porte d'entrée.

Nous venions tout juste de nous asseoir au salon et d'allumer une cigarette, quand nous entendîmes un terrible coup de frein, suivi de plusieurs coups de klaxon affolés; puis des cris d'un Français hurlant les injures habituelles. Quelques instants plus tard, une voiture roula sous nos platanes. Je me levai pour regarder par la petite fenêtre côté rue : c'était la Daimler.

Nous voilà, Alex et moi, nous précipitant dans l'entrée pour voir ce qui s'était passé. C'est alors que retentit la voix de Mme Cullen, très forte, ponctuée d'exclamations, mais incompréhensible; elle appuyait sur la sonnette, secouait la poignée de la porte, en appelant : « Alex! Alex! » Au moment où j'ouvris elle fit un pas en arrière et, nous tournant le dos, gesticula en s'exclamant : « Non, Ricketts, restez où vous êtes. Larry, s'il te plaît! Attendez-moi, Ricketts. Oh, mon Dieu, quel idiot, quel idiot! »

Elle trébucha sur les pavés; Lucy n'en menait pas large. Puis elle revint vers nous, empoigna le bras d'Alex et nous poussa à l'intérieur de la maison. « Ne sors pas de la voiture, Larry, je vais m'en occuper », cria-t-elle par-dessus son épaule.

« Alex, ma chère, je suis navrée, j'ai oublié quelque chose. Pauvre idiot », répéta-t-elle. Au ton déchirant de sa voix, il était évident que l'idiot en question n'était pas Ricketts.

Ce jeune homme ne riait plus, ses lèvres ne remuaient plus au souvenir délectable d'un plaisir ou d'une rivalité. Elles étaient blêmes ; il avait l'air d'avoir eu une peur bleue. Il avait garé la Daimler de guingois entre deux arbres ; sans doute après avoir fait demi-tour sur la route. Un peu plus bas, au bord d'un fossé, une vieille Renault était arrêtée – la collision avait sans doute été évitée de justesse. À côté du véhicule se tenait le conducteur, un Français, qui, encore sous le coup de la rage, brandissait le poing. Mais, curieusement, ni les Cullen ni Ricketts ne lui accordèrent un seul regard. Il s'était donc passé quelque chose d'autre juste avant, juste après, ou en même temps. À l'intérieur de la Daimler, Cullen, qui paraissait se ronger la paume d'une main, était lui aussi extrêmement pâle : blême, du veau bouilli. Le petit drame de la capture de Lucy l'avait dessoûlé. Maintenant je craignais de le voir vomir.

Avec Alex, je suivis Mme Cullen dans la maison. Elle était plus bouleversée et débraillée que jamais. Ce n'était plus seulement une portion de ses beaux cheveux, mais aussi son chapeau, qui penchaient. Elle avait le front et la lèvre supérieure emperlés de sueur. « Oh, Alex, il faut nous pardonner, répétait-elle. J'ai tellement honte, tellement honte » ; puis elle passa en trombe devant nous pour entrer dans le salon.

Je dois dire que je n'aurais jamais songé à associer la notion de honte à ce qui était en train de se passer. Elle fila droit devant nous, traversa la vaste étendue de parquet ciré – ses jolis pieds largement écartés sur leurs talons aiguilles afin de l'empêcher de glisser et de s'étaler de tout son long – et lança à Alex par-dessus son épaule : « Pardonnez-moi. Je vous en prie, ma chérie. Ne faites pas attention à moi. Tout ce que je veux, c'est rester seule une minute dans le jardin. »

Lucy, naturellement, se tenait toujours juchée, ou plutôt en ces circonstances accrochée, sur le poing de sa maîtresse : elle aussi écartait largement ses pieds, vert doré, et se balançait d'avant en arrière pour garder son équilibre, avec ce frémissement indigné des épaules et cet ébouriffage nerveux des plumes de la gorge qui, d'après Mme Cullen, constituaient l'apanage des oiseaux de haut vol. Le faucon ne vit pas vraiment dans les arbres ; et si, par malheur, dans son milieu naturel, Lucy s'était retrouvée sur un perchoir aussi instable que ce bras féminin, agité par un vent aussi passionné, elle l'aurait immédiatement quitté pour un rocher. Tout cela était absurde. Même la minuscule coiffe qui l'aveuglait, surmontée de ses plumes de perroquet, était assortie au chapeau de confection française que sa maîtresse portait à un angle pour le moins irlandais, sauf qu'elle était fermement retenue par des lacets. En dépit de ma perplexité et de mon inquiétude, je me mis à rire. Le cycle de l'après-midi trouvait là, me semblait-il, son achèvement, j'étais arrivé au terme de la série de significations que j'avais projetées sur tout, et en particulier sur Lucy. Oiseau symbole universel ; icône primitive aux ailes d'acier, à la poitrine ornée de « gouttes » fauves, aux pieds émaillés ; meurtrière éthérée, angélique ; somptueuse jeune poule prédatrice et sanguinaire – cet oiseau, maintenant, me semblait tout simplement cocasse ; chose que je n'avais pas perçue jusque-là. Si antiques, si beaux, si étranges qu'ils soient, tous les animaux de compagnie finissent tôt ou tard par montrer un côté comique ; la honte propre à notre genre humain finissant peu à peu par déteindre sur eux.

À cet instant je vis que Mme Cullen tenait à la main droite, caché entre son sein et l'aile de Lucy, un gros revolver. Alex avait dû le voir avant moi. Elle me serra le coude en murmurant : « Reste là. Ne ris pas, ne la suis pas. »

Je ne suis pas bon juge en matière d'armes à feu, mais celle-ci était d'un genre sinistre, lourde, luisante, apparemment flambant neuf et en état de marche. « Devrais-je essayer de lui enlever le revolver ? m'enquis-je auprès d'Alex dans un souffle.

– Ciel, non. Ça va s'arranger. Ne t'inquiète pas. » Les femmes, même très jeunes parfois, évaluent remarquablement bien le degré des risques encourus ; elles montrent naturellement un flegme d'infirmière accomplie. Et, même s'il n'y a pas entre elles de liens d'amitié, elles se devinent parfois instantanément aussi bien que des jumelles.

Mais ce n'était pas tout. En repensant à cet épisode, je me suis demandé sous quel jour Alex voyait la passion de son amie. Comment pouvait-elle être si sûre que cette femme échevelée qui fuyait sous nos yeux dans le jardin n'allait pas se tuer ? Évidemment, en ce temps-là, mon amie montrait une certaine passivité tant dans son attitude que dans son mode de vie ; du moins prenait-elle garde de ne pas se mêler des affaires d'autrui. Elle pensait que la réalité était sûrement beaucoup plus terrible que tout ce qu'elle pouvait imaginer. Si les autres décrétaient l'existence intolérable, elle était la première à les croire. Si l'Irlandaise en était arrivée là, au point de non-retour, au suicide, Alex n'était, à mon avis, nullement prête à intervenir pour essayer de l'en détourner.

Dehors, sur la terrasse, Mme Cullen s'arrêta ; et empoignant l'arme par le barillet, elle effectua un mouvement du bras au-dessus de son épaule puis jeta l'arme par-dessus des buissons, de l'autre côté de la pelouse, de façon à ce qu'elle tombe dans l'eau du bassin.

Ce geste capital eut raison de Lucy. Elle s'envola du poing chéri, pour se retrouver une fois de plus à l'envers. Mais cette fois elle n'était pas animée d'un effroi mystique ou d'un amour symbolique de la liberté ; elle avait vulgairement perdu son équilibre. Symbole ou pas, me dis-je en mon for intérieur, si j'étais en train de me débarrasser d'une arme suicidaire ou meurtrière, je serais exaspéré de sentir accroché à moi ce lourd et hystérique volatile tirant sur mon poignet, m'envoyant ses ailes dans la figure. Mme Cullen, avec l'esprit sportif qui la caractérisait, resta impassible. Peut-être à cause de sa propre hystérie – le sens caché de l'incident faisant vibrer chez elle la corde sensible et fustigeant la raison – elle se contenta de faire ce qu'il fallait, comme d'habitude. Elle hissa son bras aguerri au-dessus de sa tête et resta tout à fait immobile, jusqu'à ce que la terrible Lucy, fatiguée, retrouvât, en même temps que son sang-froid, sa domestication.

À travers la vitre zébrée par la lumière du couchant, Mme Cullen paraissait d'une grande beauté, se détachant au premier plan devant le vieux parc, les buissons, et la pièce d'eau grise où se déployaient les ondulations concentriques provoquées par la chute de l'arme. Son corps plutôt épais – sa poitrine haletante à la générosité toute maternelle, son cou au bel arrondi – était comme soutenu par une force merveilleuse ; et on aurait pu tirer une perpendiculaire entre ses talons absurdement hauts et son poing ganté de cuir rugueux ; mesurable à l'aune des grandes ailes qui se réinstallaient au sommet. Et le fait qu'elle ait eu l'air un peu ridicule, débraillée, médiocre et plus toute jeune, ajoutait encore à son charme, me dis-je, tandis qu'elle faisait demi-tour pour remonter lentement vers la maison.

Elle avait les larmes aux yeux, ce qui ne l'empêcha pas de pouffer de rire, d'un rire qui était peut-être faux ou forcé. « Alex chérie, articula-t-elle d'une voix rauque, avez-vous jamais vu des invités se conduire autant comme des sauvages que nous ? Je vous en prie, ne me posez jamais de question. »

Puis à sa manière, au moyen d'une série de petites constatations banales, prosaïques mais insolentes, elle nous résuma l'affaire. « Vous voyez, ma chérie, pourquoi nous ne pouvons pas vivre en Irlande. C'est un si mauvais exemple pour mes idiots de fils. »

Ma présence ne l'effarouchait pas. Sur le moment, je me sentis flatté ; puis en y repensant, il me sembla que j'avais eu bien tort. N'ayant pas tardé à conclure qu'Alex n'était pas amoureuse de moi, je ne comptais pas pour elle, et j'étais, pour ainsi dire, un surnuméraire. Que pouvais-je dès lors bien faire de ces secrets ? Les femmes sont fantastiques.

Prenant soin de tenir Lucy le plus loin possible d'elle sur son bras gauche, elle entoura maladroitement les épaules d'Alex de son autre bras et l'embrassa sur la joue. « Ma chère, chère amie, murmura-t-elle. Vous êtes tellement intelligente, vous ferez un bon mariage le moment venu. Merci, merci mille fois pour la patience dont vous avez fait preuve à notre égard. » Alex se déroba discrètement, comme toujours quand une autre femme lui manifestait de l'affection, mais le curieux compliment sembla néanmoins lui faire plaisir.

« Cela fait des semaines que Larry menace de me quitter, ajouta Mme Cullen. Oh, j'ai peur qu'il ne le fasse un de ces jours. Je ne sais pas ce qu'il deviendrait tout seul, ce grand idiot, mon vieux chéri. »

Pauvre Larry, soupirai-je intérieurement ; et pauvre de moi, le surnuméraire ! Les femmes n'ont aucun respect pour les hommes. Je ressentis aussi une certaine indignation pour Lucy. Piégée hors de son univers naturel de vents et de rochers, pervertie plutôt que domestiquée, maintenue dans la cécité et dans l'infantilisme, à la merci de toutes les absurdités du genre humain, vodka, voitures, revolvers et baisers : pauvre Lucy ! Sans doute personnifiait-elle les grands problèmes de la vie aux yeux de Mme Cullen ; cette dernière lui consacrait sûrement le plus clair de son temps. Et pourtant, ce splendide *falco*, sa maîtresse le traitait souvent comme un simple mouchoir, un manchon, ou un chapeau. Comme elle racontait ce qui venait de se passer dans la Daimler sur la route, Mme Cullen l'oublia si bien qu'elle appuya ses paroles de la main gauche autant que de la droite. Pour garder l'équilibre, Lucy embrassa désespérément l'air ; son plumage devint épais, laid, maladif. Je songeai, dans un de mes éclairs de lucidité sardonique, que j'avais souvent fait de cet oiseau l'augure de grandes questions alors qu'il s'agissait d'un simple manquement à la dignité, d'une insignifiante anecdote neurasthénique ; prouvant seulement que Lucy n'était pas totalement domestiquée. En outre, cela me rappela la position absurde de l'artiste face à l'inconduite de ceux qui l'honorent et le soutiennent, mais sont incapables de se tenir tranquilles en sa présence rien que par amour de l'art.

« Je ne sais même pas lequel d'entre nous Larry avait l'intention d'abattre, dit Mme Cullen. Sa femme, son chauffeur ou le faucon. Je ne le saurai du reste jamais, à moins qu'un jour il ne le fasse vraiment. À la minute où vous avez fermé la porte d'entrée, il s'est mis à crier à tue-tête à propos de Lucy et de Ricketts. Ricketts en était tout retourné, et il y avait cette voiture qui venait en sens inverse, et pendant un moment j'ai vraiment cru que nous allions la percuter. J'ai ordonné à Ricketts de se garer, mais il a fait demi-tour pour revenir ici, alors que deux autres voitures prenaient le virage à toute allure. C'est ça qui a mis hors de lui le petit Français à la Renault. Et par-dessus le marché voilà le pauvre Larry qui se met à nous menacer de ce revolver. Il était dans le vide-poches de la portière. Dieu sait quand il l'avait caché là, et où il se l'est procuré. Vous savez, je crois que le Français a vu le revolver. Par bonheur, il n'a pas appelé la police. »

Elle prit un air presque joyeux. Mettons que vous vous soyez longtemps inquiété dans la solitude, envisageant le pire, sans que rien ne justifiât vos craintes, ni n'excusât vos soupçons – lorsque les ennuis surviennent, ils vous apportent toujours un léger soulagement. Désormais, vous savez au moins que vous n'avez pas été le jouet de votre imagination morbide.

« Je vais vous avouer quelque chose de curieux, continua-t-elle, avec son sourire le plus vague. Il se trouve que je suis une tireuse d'élite ; eh bien, pendant tout le temps où j'essayais d'arracher cette maudite arme à Larry – alors que Ricketts conduisait comme un imbécile, et que la pauvre Lucy sur mon bras me gênait horriblement – je n'ai pas cessé un seul instant de calculer le trajet de la balle s'il appuyait sur la détente. La trajectoire et tout le reste. Je suppose que je suis une chasseuse-née ; mais ce sont des enfantillages ! À la dernière minute, je n'arrive jamais à rien prendre tout à fait au sérieux. Voilà sans doute pourquoi j'ai abattu tant de lions au Kenya. »

Elle fronça les sourcils et soupira, comme si elle avait honte de sa froideur et sa légèreté. « Maintenant Ricketts, bien sûr, en a plus qu'assez de Larry. Il faudra sans doute que je lui donne congé ; quel dommage ! Si Larry ne s'est pas calmé après mon départ, j'ai bien peur que Ricketts ne l'ait assommé. C'est déjà arrivé une fois. Je n'ai rien pu faire ; Larry est fort comme un bœuf. Ce genre de chose me rend folle, j'aurais pu tuer Ricketts – si j'étais restée pour voir la suite. Ricketts est tellement affreusement anglais ; dès qu'il montre les poings, il prend un air vertueux, on dirait une gouvernante. Mais, mon Dieu, il est temps d'y retourner ; j'ai été assez lâche comme ça ; je vais peut-être pouvoir réconforter mon mari maintenant. »

Elle se pencha pour donner un dernier baiser à Alex, mais celle-ci se déroba. « Oh, Alex, se lamenta Mme Cullen, j'aime tellement ce grand idiot, désespérément. Que vais-je faire de lui ? Oh, bon, on verra. Croyez-vous que je devrais me débarrasser de Lucy ? C'était stupéfiant, vous savez, à quel point Larry a bien chassé au vol, l'été dernier en Hongrie. Je pensais qu'il aimerait ça, lui aussi. »

Puis elle éclata de rire, son premier rire de l'après-midi ; un son plutôt déplaisant composé de deux notes sonores, visqueuses, fébriles. « Ha, ha, ça lui fait peut-être du bien. C'est sa façon à lui d'ouvrir les ailes. »

Elle amorça sa seconde sortie : « Au revoir, monsieur Tower. Au revoir, Alex, ma chère enfant. Vous allez me manquer. Larry, j'en ai bien peur, aura honte de vous revoir après tout ça. Ne m'accompagnez pas à la voiture ; cela les gênerait. » Elle se glissa dans le couloir puis dans l'entrebâillement de la porte d'entrée, qu'elle poussa à peine puis fit claquer immédiatement derrière elle.

« Eh bien ! » s'exclama Alex tandis que nous retournions au salon en prononçant ces deux syllabes d'une manière qui me fit rire : on eût dit le doux aboiement d'un tout petit chien.

Après tout ce remue-ménage, il nous sembla inconvenant de nous impatienter pour notre dîner. Nous sortîmes dans le jardin en soupirant, fatigués. « J'espère que Jean et Eva n'ont pas assisté à ce dernier morceau de mélodrame, me dit Alex. C'est le genre d'idée que je ne voudrais pas voir Jean se mettre dans la tête. Il n'est pas Cullen; seulement un imitateur d'Italien, il risquerait de ne pas rater son coup.

– Sacrée vieille fripouille, grand gourmand, marmonnai-je en songeant à Cullen. L'aurais-tu cru capable de meurtre ? Avec ou sans vodka.

– C'était un suicide, pas un meurtre, m'assura Alex. Madeleine Cullen n'a aucune imagination.

– Je ne sais pas. Toujours est-il que l'un n'empêche pas l'autre. Il y a des gens qui se donnent la mort parce qu'ils ont envie de tuer quelqu'un, lui répondis-je, toujours prêt à ergoter. Quelqu'un qu'ils aiment. »

Alex fit une petite grimace, exprimant un scepticisme de principe et une désapprobation quasi universelle. « Tu sais, il n'était pas vraiment très soûl.

– Deux shakers pleins d'une excellente vodka d'avant-guerre, lui rappelai-je.

– Ça ne fait rien. Ce n'est pas grand-chose pour ces énormes Irlandais. Je l'ai déjà vu soûl, c'était autre chose. À moins qu'il n'ait fait semblant d'être soûl pour t'impressionner; et pour trouver quelque prétexte plausible à ce qui était en train de se passer, à ce qui allait forcément se passer. Tu es trop sobre, mon cher; tu surestimes toujours le degré d'intoxication des autres. »

Ses dernières paroles me blessèrent. Je me souvins de l'avoir regardé boire avec hostilité en échafaudant de grandioses théories sur l'alcoolisme ; et le rouge me monta au visage. La plupart du temps, j'en ai peur, j'ai sur les gens une opinion qui relève de la pure conjecture, de l'esquisse. Chaque fois, je me laisse aller à une sorte de lyrisme factice et vengeur ; une vengeance que j'exerce Dieu sait de quel droit, et dont j'ai honte. Il m'arrive de remettre en cause mon jugement en matière de moralité ; mais tant que je me propose d'être un conteur d'histoires, cette réticence sera pour moi semblable au chuchotement du diable.

Mais ma chère Alex, comme toute jeune femme intelligente qui se respecte, devina mes doutes et ma faible capacité d'autocritique ; et me sourit. « Il faudra me dire ce qu'il t'a raconté, avant que tu n'oublies. D'après ton expression tout à l'heure, j'en ai déduit qu'il avait pleuré sur ton épaule. »

À cet instant, Eva, s'encombrant encore moins de protocole qu'à l'accoutumée, sortit de la cuisine en agitant une serviette et en nous suppliant d'une voix rauque de nous dépêcher pour le dîner, qui, à l'entendre, était de toute façon à moitié gâché. Comme pour tirer la moralité des événements de la journée d'un trait culinaire, Jean nous fit servir huit pigeons, une botte entière d'asperges, et deux belles tartes. Tout était parfait ; et le mélodrame de l'après-midi nous avait ouvert l'appétit. Eva versa quelques jolies et silencieuses larmes en nous servant, esquissant un pâle sourire chaque fois que je la regardais, telle une Marie-Madeleine du XVIIe. Jean nous apporta lui-même les tartes et nous remercia d'avoir trop mangé, comme si nous avions tenté de le consoler.

Autour du café que l'on nous avait servi dans le salon, je racontai à Alex ce que j'avais vu de la fenêtre de la cuisine. Mais quel ne fut pas mon étonnement d'apprendre qu'elle avait, elle aussi, assisté à la scène, de la fenêtre de sa chambre, pendant que Mme Cullen se reposait étendue, yeux clos, sur le lit. Mais elle avait manqué le passage du canif. Je m'efforçai ensuite de me souvenir de la confession que m'avait faite Cullen au cours de notre conversation d'homme à homme, au demeurant fortement arrosée de vodka, et ce récit amusa beaucoup Alex, tout en la choquant un peu, je crois.

Elle se retira peu après pour écrire une lettre et envoyer un télégramme, et ne revint pas avant trois quarts d'heure. Je restai seul, sans avoir même l'envie de lire. J'étais encore sous le coup de l'excitation, et sombrai dans cette stupeur empreinte de lassitude qui sur le moment vous donne l'impression de soutenir un véritable effort intellectuel. Je m'efforçai en effet de résumer la foule d'incidents de l'après-midi par un ou deux concepts, une maxime ou une sentence ; afin de les mettre en réserve dans ma mémoire pour un futur usage et pour me rendre disponible aux choses nouvelles, à ce qui allait suivre. Les Cullen obnubilaient ma pensée du point de vue moral. En outre, j'espérais ainsi mieux saisir ce qu'ils représentaient pour moi, et plus subtilement ce que je représentais à mes propres yeux, cette fascinante interrogation qui avait surgi au cœur de la comédie qu'ils nous avaient jouée tout l'après-midi. Bien sûr c'était impossible.

J'ai appris – mais chaque fois j'oublie – que l'abstraction est une activité nocive, tout à la fois vaste et infinitésimale, et tellement lassante ; bien pire que l'accumulation de n'importe quelle quantité de faits dérisoires. Nos réminiscences sont brouillées par une émotion à la fois plus chaleureuse et plus faible que l'excitation ayant accompagné les événements, qu'ils fussent bons ou mauvais. Une émotion semblable à une végétation inutile et stérile qui se répand, s'enroule, fane et pourrit ; notre ego lui-même s'y étouffe… De sorte que je m'aperçus à peine du temps que ma chère amie passa dans sa chambre ; et qu'elle me trouva enchanté de la voir revenir. Je considère que l'amitié me sert, entre autres choses, à arrêter le flot de mes prétendues pensées.

Elle n'avait pas été retardée par sa lettre, ni par son télégramme ; mais par Eva qui avait pleuré et dénoncé Jean, qui l'avait raillée tout en l'adorant. Une dispute avait éclaté à propos de Ricketts, après quoi Jean était parti s'enivrer au village. Il avait menacé de la tuer, et Eva craignait le pire ; en tout cas, il allait la battre en rentrant. Jean était, à la croire, l'homme le plus jaloux de la terre, mais elle l'adorait.

Eva n'était pas irréprochable. Chaque fois qu'un nouvel homme se présentait sur le seuil de la cuisine, elle avait l'air de se délecter de sa propre beauté ; l'air d'être à la merci des circonstances, ou peut-être à la merci des hommes. Voisin, ouvrier, marchand, peu importe ; Eva surgissait, s'approchait, familière, le regard ensommeillé, les paupières baissées sur ses yeux énormes entre les longs cils africains, et elle exhalait une douceur sucrée comme un parterre de fleurs – sous le regard admiratif et empli de souffrance de Jean qui finissait par se mettre en colère.

Alex lui avait demandé pourquoi elle se conduisait de cette manière ; pourquoi elle flirtait avec des hommes comme Ricketts si elle aimait Jean et souhaitait vivre paisiblement avec lui. Le plus sérieusement du monde, elle lui avait expliqué que le flirt donnait l'occasion à Jean de s'interposer entre elle et son rival, et à elle l'occasion de ressentir la profondeur de l'amour de Jean, ajoutant que bien entendu elle y mettait toujours rapidement un terme ; par là-même rassurant Jean à son tour sur l'amour qu'elle lui portait. « Et tu te rends compte comme les femmes sont cruelles, dit Alex, Eva riait en m'expliquant tout ça, un rire du plus profond de sa gorge grasse.

« Seulement elle n'a pas ri longtemps. Cette fois, pense-t-elle, ç'a été trop loin. Il va la battre, peut-être la tuer, et *tutti quanti.* Alors, elle s'est remise a pleurer, elle voulait reprendre toute l'histoire depuis le début. J'ai fait semblant de perdre patience et je l'ai envoyée se coucher.

« Si ça continue comme ça, tu sais, il va falloir que je les renvoie, ajouta Alex. Les gens du peuple ont l'art de vous faire honte de votre propre sexe. »

Alex avait toujours des ennuis avec ses domestiques. En fait, dès qu'elle s'intéressait à eux, si jamais elle s'y intéressait, elle allait beaucoup trop loin. Elle essayait de se rétracter, mais en vain, ils finissaient par la coincer, et elle leur prodiguait alors cette tendresse qu'elle avait en elle. Cela dit, quand ils ne lui demandaient pas de s'occuper d'eux, elle s'imaginait qu'elle n'avait même pas de sympathie pour eux. Il lui arrivait souvent de dire à voix haute qu'elle aurait voulu être servie par des machines.

La porte était restée ouverte ; mais parmi les effluves du jardin, il me semblait que je pouvais humer, du moins j'en conservais le puissant souvenir, la petite odeur corporelle de Lucy, de sang et de miel. Notre conversation à propos de Jean, Eva et Ricketts m'avait transporté de nouveau en imagination auprès du triangle Cullen : la femme impitoyable, vertueuse et passionnée, l'homme triste, et l'oiseau ; et voilà qu'une nouvelle idée germait dans mon esprit. Mme Cullen aimait peut-être moins Cullen qu'elle ne l'aurait voulu ; et si elle vivait avec lui, pour lui, c'était peut-être seulement pour remplir un précieux et infructueux contrat qu'elle avait passé avec elle-même. La seule chose dont je fusse convaincu, c'était qu'elle aimait Lucy, et j'espérais qu'elle refuserait de l'abandonner.

Du jardin s'échappèrent par la porte de la cuisine quelques notes d'un rire en cascade. Jean était rentré et rien ne s'était passé conformément aux prévisions d'Eva. Des rires, de petites échauffourées – ce simulacre de lutte qui lorsque tout va bien détend et soulage la véritable bataille amoureuse – suivis de bruits de pas s'éloignant vers le bout du jardin caché par les platanes. La lune ce soir-là n'avait pas sa belle précision sculpturale. Elle resta comme suspendue sous un petit nuage solitaire ; semblable à une tache livide, à un peu d'anti-ténèbres. L'air était aussi tiède qu'à Tanger mais il n'était pas question de s'allonger dehors, me dis-je, car l'herbe allait bientôt être éclaboussée de rosée.

« Tu ne te marieras jamais, ma chère, dis-je pour taquiner Alex. Ton amie Mme Cullen pense le contraire, mais elle n'a pas d'imagination. Tu auras peur de le faire, après ce fantastique coup de malchance.

– Quel coup de malchance, peut-on savoir ? s'enquit-elle, en souriant pour montrer qu'elle prenait bien mes paroles moqueuses.

– Une leçon de choses fantastiquement mauvaise.

– Tu n'es pas un romancier, dit-elle pour me taquiner. J'envie les Cullen, tu ne le savais pas ? » Et je conclus d'après l'expression qui se peignit sur son visage qu'elle-même ne savait pas très bien si elle était vraiment sincère.

literature

15 serial killers, Harold Jaffe
Fan Man, William Kotzwinkle
Plage, Robert Steiner
Marchand de liberté, Stanley Elkin
Sex for the millennium, Harold Jaffe
L'Oiseau Canadèche, Jim Dodge
Un sale type, Stanley Elkin
Motorman, David Ohle
Not Fade Away, Jim Dodge
Sale temps pour les braves, Don Carpenter
La Seconde Vie de Preminger, Stanley Elkin
La Contrée immobile, Tom Drury
Au commencement était la fin, Stanley Elkin
Mais qui a tué Harry?, Jack Trevor Story
La Promo 49, Don Carpenter
Ordures, Stephen Dixon
Québec Bill Bonhomme, Howard Frank Mosher

Le Roi, Donald Barthelme
La Fin du vandalisme, Tom Drury
Les Feux de l'orchidée, Rikki Ducornet
Neige, Anna Kavan
Sur le départ, Magnus Mills
Strass et Paillettes : Souvenir, Don Carpenter
Le Brigand bien-aimé, Eudora Welty
Un chien dans le moteur, Charles Portis
Deux comédiens, Don Carpenter
Retenir les bêtes, Magnus Mills
L'ours est un écrivain comme les autres,
William Kotzwinkle
En forme de cœur, Amy Hempel
Les Fantômes voyageurs, Tom Drury
La Fille de l'optimiste, Eudora Welty
Little America, Rob Swigart
Le Faucon pélerin, Glenway Wescott

irodalom

L'Histoire d'une solitude, Milán Füst
Reportage céleste de notre envoyé spécial au paradis, Frigyes Karinthy
Précipice, Milán Füst
Les Beaux Jours de la rue de la Main-d'Or, Gyula Krúdy
Les Boîtes, István Örkény
Kornél Esti, Dezső Kosztolányi
L'Odeur humaine, Ernő Szép
Floralies, István Örkény
Danse sur la corde, Frigyes Karinthy

Au nord par une montagne, au sud par un lac,
à l'ouest par des chemins, à l'est par un cours d'eau,
László Krasznahorkai
Le Chat et la Souris, István Örkény
Au tableau !, Frigyes Karinthy
Cinéma muet avec battements de cœur, Dezső Kosztolányi
Le Cinquième Voyage de Gulliver, Farémido, Frigyes Karinthy
La Venue d'Isaïe, László Krasznahorkai
Guerre et Guerre, László Krasznahorkai
La Vallée de la Sinistra, Ádám Bodor
Le Trompettiste tchèque, Dezső Kosztolányi

litteratur

Musique d'un puits bleu, Torborg Nedreaas
La Séduction, Knut Faldbakken
La Nuit volée, Torborg Nedreaas
Derrière l'armoire, la hache, Torborg Nedreaas
Le Palais de glace, Tarjei Vesaas

À paraître :
Nuit de printemps, Tarjei Vesaas

litteratur

Les Hommes de l'Émeraude, Josef Kjellgren
Tirage au clair, Henry Parland
Dessin à l'encre de Chine et autres nouvelles,
Hjalmar Söderberg
La Pharmacie, Magnus Florin

λογοτεχνία

Les Enfants du Pirée, Kostas Moursélas
L'Île d'Ouranitsa, Alexandre Papadiamantis
La Caisse, Aris Alexandrou
Le Peintre et le Pirate, Còstas Hadziaryìris
Rêverie du Quinze-Août, Alexandre Papadiamantis
Alexis Zorba, Nikos Kazantzaki
L'Honneur et l'Argent, Constantin Théotokis

letteratura

Le Mauvais Sort, Beppe Fenoglio
Le Printemps du guerrier, Beppe Fenoglio
La Ragazza, Carlo Cassola

littérature

Folk, Philippe Fenwick

Les Oiseaux, peut-être, Manuel Daull

Agatha de Beyrouth, Jacques Jouet & Zeina Abirached

La Jeunesse de Mek-Ouyes, Ian Monk

Les Ales, Céline Minard & scomparo

En sabots ; Histoire d'une Marie ; Zonzon Pépette,
André Baillon

Knut, Olivier Saison

poésie

Plouk Town, Ian Monk

Là, Ian Monk

en démence

Gentil chapon touche du bois, Schwarz-Abrys
Un homme si simple; *Chalet 1*, André Baillon
Manuscrit trouvé dans une poche : Chronique de la conversion de Bodor Guila, Eddy du Perron
Un dîner très original, Fernando Pessoa

literatura

Le Vin de longue vie, N. D. Cocea

文学

Futon, Tayama Katai
L'Oie sauvage, Mori Ogai

literatura

La Guerre des salamandres, Karel Čapek
Passage, Karel Pecka

LE FAUCON PÉLERIN
de Glenway Wescott
a été achevé d'imprimer en mai 2015
sur les presses de l'imprimerie Pulsio.

GRAPHISME : VALÉRIE RENAUD

Éditions Cambourakis
24, rue Voltaire
F-75011 Paris
www.cambourakis.com

Dépôt légal : juin 2015.
ISBN : 978-2-36624-147-1
Imprimé en Bulgarie.